W0087524

Wiebke von Thadden
Eine Tochter ist kein Sohn

Eine Tochter
ist kein Sohn

Wiebke von Thadden
erzählt die Geschichte der Mädchen

Mit Bildern von Dorothea Göbel

www.beltz.de
© 2000 Beltz Verlag, Weinheim und Basel
Programm Beltz & Gelberg, Weinheim
Alle Rechte vorbehalten
Neue Rechtschreibung
Gesamtherstellung
Druckhaus Beltz, 69494 Hemsbach
Printed in Germany
ISBN 3-407-75311-X
2 3 4 5 6   05 04 03 02 01

INHALT

Meiner Enkelin Rebekka

Einleitung

Geschichte der Mädchen – das hört sich so an, als könne man einfach anfangen, alles zu sammeln und aufzuschreiben, was wir über das Leben der Mädchen in früheren Zeiten wissen, wie man es zum Beispiel bei Rittern oder Entdeckungsfahrern macht. Aber kann man das auch tun, wenn man von Mädchen erzählt?

Auf diese Frage gibt es zwei Antworten: Ja, man kann es. Denn die Geschichte der Mädchen ist von den Anfängen an immer die gleiche. Mädchen gehören ins Haus, lernen die Hauswirtschaft, werden verheiratet und gehen damit in das Haus ihres Mannes über. Wichtig sind nur die Höhe ihrer Mitgift, die Person des Bräutigams und die Pracht der Hochzeit; schon ihre Kinder interessieren kaum mehr, denn sie gehören ja in die Familie des Mannes. Man braucht also, so könnte es scheinen, nur diesem Muster durch alle Zeiten hindurch zu folgen, und schon hat man die Geschichte der Mädchen.

Aber die andere Antwort auf unsere Frage lautet: Nein, man kann es nicht. Denn die Quellen erzählen uns so gut wie nichts über Mädchen, und selbst wenn man die gesamte Literatur der Antike und des Mittelalters durchforsten wollte, ja, alles, was damals überhaupt festgehalten wurde – man hätte doch kaum mehr als ein Bündel hübscher oder auch trauriger Geschichten und ein paar Informationen sachlicher Art in der Hand. Nur wenn ein Mädchen durch besondere Umstände ins Blickfeld der Zeitgenossen gerückt wurde – als Fürstentochter in einer wichtigen Heiratsverbindung etwa oder als Erbin von Land und Vermögen –, erfahren wir etwas über sie, aber auch dann meist kaum mehr als ihren Namen und dass sie schön

9

und tugendsam gewesen sei. Oder, wenn sich über ihre Schönheit streiten ließ, dass sie Würde und Charakter besessen habe.

Das ändert sich – langsam – mit dem Beginn der europäischen Neuzeit, aber erst in den letzten zwei- bis dreihundert Jahren erfahren wir mehr über Mädchen; jetzt ließe sich an eine Beschreibung ihres Lebens denken, jetzt fragt man auch schon einmal nach ihrer Erziehung und Bildung. Aber erst seit kurzem gibt es hierzu auch Untersuchungen, ebenso wie es erst seit kurzem eine *Geschichte der Frauen* gibt, der dieses Buch einiges verdankt.

Bis in unsere Zeit hinein sind Geschichte und Psychologie von Kindheit und Jugendalter fast nur die von Kindheit und Jugend der Jungen. Nur ihre Prägung und Entfaltung schienen von allgemeinem Interesse.

Dieses Buch will nun aber von Mädchen erzählen. Es folgt dabei zunächst dem Muster der ersten Antwort auf unsere Eingangsfrage und stellt das Leben der Mädchen innerhalb des vorgegebenen Rollenverständnisses dar. Zugleich aber fragt es nach den Frei- und Spielräumen innerhalb dieser Rolle und schließlich nach den Chancen, die sich den Mädchen aus diesen Spielräumen in der immer schneller laufenden Zeit des modernen Europa ergaben.

Natürlich könnte und müsste man zu diesem Thema viel mehr erzählen, als in ein Buch wie dieses hineinpasst. Wenn man sich so kurz fasst, wie es hier geschieht, so läuft man außerdem Gefahr, dass rechts und links von dem gewählten Erzählpfad manche Fragen nicht ausreichend beantwortet werden. Die wichtigsten von ihnen sind hier wohl die nach der politischen Gleichberechtigung sowie nach der Stellung der Mädchen im modernen Arbeitsleben; aber auch anderes könnte vor allem bei der Darstellung der jüngsten Zeit als zu knapp umrissen erscheinen. Da lässt sich nur hoffen, dass ein anderes Buch zur Hand ist, in dem gerade das geschildert wird, was hier zurückstehen musste. Noch ein Buch? Zu viel verlangt? Nun, ohne den Wissensdurst ihrer Vorläuferinnen wären die Mädchen von heute bestimmt nicht da, wo sie sind.

Eine Geschichte muss ganz von vorne anfangen

Wenn man dich fragen würde, Enkeltochter Rebekka, in welchem der drei großen Länder, die es im Altertum am Mittelmeer gab, in Ägypten, in Griechenland oder in Rom – in welchem dieser drei Länder also du gern als Mädchen gelebt hättest, was würdest du antworten? Du siehst mich groß und erstaunt an, und wenn du jetzt noch ein kleines Mädchen wärst, dann würdest du ungeduldig mit den Knien wippen, wie es früher deine Art war.

Ja, wenn du auch so ausgefallene Fragen stellst! Einfach aus dem Stand. Sag doch wenigstens, warum ich dir gerade auf etwas so Komisches antworten soll!

Weil ich mir etwas ausgedacht habe. Ich will dir eine Geschichte erzählen und die muss einen Anfang und ein Ende haben.

Eine Geschichte ist eine gute Idee, einverstanden. Aber wenn sie so weit vorne anfängt, ist sie wahrscheinlich sehr lang. Meinst du, dass wir sie an einem Stück schaffen?

Nein, bestimmt nicht. Und es ist auch eine Geschichte, die man vielleicht aufschreiben müsste. Wenn ich mir dein Gesicht ansehe, merke ich, dass ich dich ein bisschen überfahren habe, und das gehört sich nicht. Doch, wir müssten die Geschichte bestimmt aufschreiben.

Dann könnten wir ja jetzt mit ihr anfangen, und wenn ich nachher weg bin, schreibst du auf, was wir herausgefunden haben. Wenn ich dann das nächste Mal komme, machen wir weiter, und beim übernächsten Mal auch. Bis die Geschichte fertig ist.

Ja, und am Schluss kann man sie noch mal lesen oder wir lesen sie vor. Das ist klüger, als sie nur zu erzählen.

12

Abgemacht! Aber wovon handelt sie denn nun? Und warum muss man am Anfang über drei Länder im Altertum nachdenken?

Gleich! Jedenfalls liegt ihr Anfang am Mittelmeer und das Ende ist vorläufig die Zeit, in der wir jetzt gerade leben – und sie spielt in Europa. Das sind die Eckpfosten, die wir beim Erzählen im Auge behalten sollten. Hättest du denn schon eine Vorstellung davon, welches der drei Länder deine erste Wahl wäre?

Ich finde, du könntest doch erst mal verraten, wovon die Geschichte handelt. Und warum ich in den drei Ländern gerade ein Mädchen sein soll. Genügt es nicht, einfach ein Kind zu sein?

An sich schon. Aber für die Geschichte, die ich dir erzählen will, kommt es darauf an, ein Mädchen zu sein.

Und warum?

Weil nur ein Mädchen eine Frau werden kann, und weil es ein riesengroßer Unterschied ist, ob man in Europa eine Frau oder ein Mann war. Und davon, was es hieß, ein Mädchen und eine junge Frau zu sein, will ich dir erzählen.

Soll ich jetzt vielleicht mal sagen, ob ich lieber ein Junge oder ein Mädchen wäre?

Magst du? Dann mal los!

Ja. Ich wäre viel, viel lieber ein Mädchen.

Gut. Aber in früheren Zeiten hätten die meisten Mädchen das Gegenteil gesagt.

Und warum?

Das wirst du wissen, wenn wir mit unserer Geschichte am Ende sind.

Na, dann bin ich jetzt doch richtig gespannt!

Du wirst lachen: Ich beinah auch. Aber weil ich dich ja wirklich ein bisschen mit ihr überfalle, wollen wir gleich etwas vereinbaren: Wenn du die Geschichte zwischendurch mal langweilig findest, brauchst du nicht groß zuzuhören. Sie steht ja nachher fertig da und kann einfach nachgelesen werden. Und noch etwas: Ich werde einfach erzählen, und wenn du Lust hast, sagst du etwas dazu oder fragst, aber wenn nicht, dann eben nicht. Wollen wir es so verabreden? Sonst habe ich beinah ein schlechtes Gewissen.

Brauchst du nicht, im Gegenteil. Das hört sich sehr gut an. Und jetzt will ich mir auch gern den Kopf über deine drei Länder zerbrechen. Also: Ägypten, Griechenland oder Rom? Und als Mädchen!

Ganz genau so. Du weißt ja aus der Schule, wo die drei Länder liegen und wie es heute in ihnen aussieht. Denn es gibt sie ja noch.

Lass mich mal! Also, Ägypten, das ist ein heißes Land am Nil, da gibt es die Pyramiden, das sind die Gräber seiner alten Könige …

… der Pharaonen.

Genau. Und dann gibt es da die Sphinx, die liegt da und ist vorn eine Göttin und hinten ein Löwe. Aber sie ist natürlich nicht lebendig, sondern aus Stein.

Sehr gut. Und heute ist Ägypten ein islamisches Land, eine führende Macht der arabischen Welt und eine Republik.

Ja, das kommt immer in den Nachrichten vor. Und Griechenland hat eine berühmte Hauptstadt, die heißt Athen, und in der stehen noch Reste von ganz alten Bauten. Die Akropolis zum Beispiel. Und es gibt viele schöne griechische Inseln im Mittelmeer; wir wollen dort auch mal Urlaub machen. Aber Rom! Das war früher ganz anders als heute.

Ja, damit ist es schon schwieriger. Rom war im Altertum ein mächtiges Reich, das auf seinem Höhepunkt ganz Westeuropa und den ganzen Mittelmeerraum beherrschte. Sein Kern aber war Italien und dort warst du auch schon einmal. Die Hauptstadt heißt ja heute noch Rom. – Wo also, in welchem dieser drei Länder wärst du gern ein Kind und würdest als Mädchen groß?

Wir haben da im Bücherschrank ein Buch mit Bildern aus dem alten Ägypten. Dort würde ich vielleicht nicht so gern als Mädchen leben. Natürlich, man hat damals anders gemalt als heute und auch andere Sachen wichtig gefunden, das ist klar. Aber wenn man nun doch so gelebt hätte, wie man es auf den Bildern sieht? Dann hätte man so komisch steif auf Schemeln sitzen müssen und hätte lauter seltsame

Vögel und Käfer um sich herum gehabt. Und man hätte sich wohl auch merkwürdig bewegen müssen, wäre immer nur von der Seite zu sehen gewesen und hätte riesengroße Augen gehabt. Nein, Ägypten stellen wir mal zurück!

Aha! Dann weiter!

Viel lieber hätte ich in Griechenland gelebt. Da hab ich selber ein Buch mit Bildern von Kindern auf den Vasen, die sie dort bemalt haben. Wie hübsch die Mädchen da aussehen! Man kann gut sehen, wie lebhaft sie sind und wie würdevoll zugleich. Sie sind schön frisiert und haben hübsche Kleider an; sie spielen Musikinstrumente und tanzen. Na ja, ich muss nicht Flöte spielen und tanzen, mir ist Volleyball lieber; aber es sieht doch alles sehr hübsch aus. Doch, in Griechenland hätte ich vielleicht leben mögen.

Oder in Rom! Da kenne ich keine Bilder, aber so sehr viel anders als bei uns kann es da nicht gewesen sein. Italien ist nicht weit von hier und es geht dort nicht so orientalisch zu wie weiter im Osten. Im Urlaub habe ich römische Wasserleitungen und Reste von römischen Straßen gesehen; das war ziemlich eindrucksvoll – na ja, wenn man es erklärt bekommt. Praktische Leute müssen die Römer gewesen sein und alles war gut geordnet. Ja, Rom ginge auch. Also: erste Wahl Griechenland, zweite Wahl Rom! – Einverstanden?

Ich fürchte, ich muss dich enttäuschen, Rebekka! Wenn eines der drei Länder überhaupt für unsere heutigen Vorstellungen vom Leben eines Mädchens oder einer Frau passend war, dann wären es weder Griechenland noch Rom, sondern Ägypten gewesen. Denn in Ägypten tat man ganz moderne Dinge. Zum Beispiel heiratete man aus Liebe. Das war in der Antike sonst eher die Ausnahme; denn über die Ehe entschied der Vater eines Mädchens und der fragte nicht unbedingt nach Liebe.

Aber wie kann denn der Vater über so was entscheiden, wenn seine Tochter erwachsen ist?

Da sind wir schon mitten in den Fragen unserer Geschichte. Ein Vater konnte früher noch über ganz andere Dinge entscheiden; das werden wir noch hören. Aber du sagst, »wenn sie

15

erwachsen ist«. Was meinst du, wann man in der Antike – und noch weit über sie hinaus – erwachsen war?

Keine Ahnung.

Ein Mädchen war erwachsen, wenn es heiratsfähig war, das heißt, wenn die Monatsregel sich fest eingestellt hatte. In Griechenland hat man mit der Verheiratung gewartet, bis es fünfzehn oder etwas darüber war; aber in Rom und im ganzen Römischen Reich konnten Mädchen vom zwölften Lebensjahr an verheiratet werden.

Von zwölf Jahren an? Das gibt's doch gar nicht!

Es wird nicht die Regel gewesen sein, aber wir wissen von Ehefrauen und Müttern, die erst dreizehn waren.

So alt wie ich jetzt?! Da ist man doch wirklich noch nicht erwachsen!

So sehen wir es heute, weil wir das Erwachsenwerden nicht nur als einen körperlichen, sondern auch als einen geistigen und seelischen Vorgang betrachten, als einen Reifeprozess – und das sah man früher anders. Aber wir werden in unserer Geschichte auch noch auf andere, auf schon etwas modernere Zeiten kommen, in denen man viel später heiratete, und wir müssen ja nicht alle Probleme gleich am Anfang anpacken.

Alle nicht. Aber wenn das so war, dann will ich ein paar Sachen auch gleich wissen. Zum Beispiel: Wenn man so früh heiratete, wann war man denn dann alt?

Das ist eine gute Frage. Mit vierzig war man alt. Mit vierzig war man auch schon Großmutter; denn die eigenen Kinder kamen dann natürlich früh und die der Töchter ebenso. Man wurde früher alt als heute und starb auch früher; denn das Leben war auch am sonnigen Mittelmeer rau und es gab noch keine Medizin in unserem Sinne. Aber du musst bedenken: In diesem vierzig- oder fünfzigjährigen Zeitraum – und natürlich konnte er auch damals noch länger sein – brauchte ja auch nur *ein* Leben, das mit der Familie, untergebracht zu werden und nicht, wie heute, mit Ausbildung und Beruf meist zwei. Man baut sein Leben ja heute ganz anders auf.

Ja, das ist richtig. Die meisten Frauen heiraten heute erst, wenn sie sicher sind, dass sie in den Beruf zurückkönnen, mit dreißig oder noch später. Da können sie ja nicht mit vierzig schon alt sein.

Es hat sich seit damals eben vieles geändert und es ist ja jetzt noch vieles im Fluss; auch darauf kommen wir noch – aber später, sonst wird es gleich am Anfang zu schwierig.

Noch geht's.

Umso besser! Und da du schon jetzt so genau nachfragst, können wir noch einen kurzen Blick auf etwas anderes werfen, nämlich auf das, was »Kindheit« früher war.

Na? Nichts sehr Langes jedenfalls!

Nein, und nichts sehr Eigenständiges. In fast allen europäischen Sprachen bedeutet das Wort »erziehen« so viel wie »heranziehen«, »herausführen«, »emporheben«, also: aus einem Rohzustand zur Formung und Prägung führen, und zwar zur Prägung für eine vorgegebene Rolle. Das heißt: Aus einem Jungen musste früh ein Mann, aus einem Mädchen schnell eine Frau gemacht werden. Und selbst bei den Griechen, in deren Wort für »erziehen« immerhin das Wort »Kind« steckte, galt der Satz: »Wer nicht geschlagen wird, wird nicht erzogen.« Schläge galten bis in unsere Zeit hinein als wirksames Erziehungsmittel. Erst die pädagogische Bewegung der Neuzeit hat den Begriff der Kindheit anders gesehen und ihm einen eigenen Wert zugeschrieben.

Aber du musst bedenken: Ein Kind auf seine Rolle im Leben vorzubereiten, wie man es früher verstand, hieß ja nicht, es nicht zu lieben; im Gegenteil, das galt als Elternpflicht. Man hatte auch durchaus einen Blick für den Platz der Kindheit in der Abfolge der Lebensalter; aber eben nur für ihren Platz, nicht für ihren Eigenwert. Doch jetzt wenden wir uns erst einmal wieder unseren alten Ägyptern zu.

Bei denen war das ja mit dem Heiraten losgegangen. Warum kommt überhaupt alles nur auf die Heirat an?

Auch das ist eine Frage, die unsere ganze Geschichte begleiten

17

wird, bis in unsere Zeit hinein. Die Antwort ist leider sehr einfach und wir können sie nun auch ebenso gut gleich geben: Es geht für ein Mädchen immer nur um die Heirat, und zwar deswegen, weil in der Zeit, in der unsere Geschichte beginnt, überall das Rollenverständnis festgeschrieben ist: Die Frau gehört in das Haus, das der Mann baut, und außerhalb dieses Hauses gibt es für sie keine Verwirklichung. Man nennt diese Form des Familienlebens das »Patriarchat«, die Herrschaft des Vaters – des Mannes – im Hause, und meist war sie verbunden mit seiner vollständigen Verfügungsgewalt über die Frau.

Doch es gab eben Unterschiede. Aus Ägypten kennen wir Bilder von Eheleuten, die sich zärtlich berühren und ihre Kinder liebevoll zwischen sich halten. Und in Ägypten konnte eine Frau nach dem Tode ihres Mannes selbstständig und ohne Rechtsvertreter sein Vermögen verwalten, bis ihre Kinder erwachsen waren. Sie konnte sogar in ihrem Dorf ein kleines Amt versehen; aber das dürfte selten vorgekommen sein. Und wir kennen den erstaunten Ausruf eines griechischen Historikers, dass bei den Ägyptern alles umgekehrt sei wie bei anderen Leuten: Dort dürften die Frauen auf dem Markt sitzen (und verkaufen), während die Männer zu Hause webten. Frauen bräuchten keine Vertretung durch einen Mann vor Gericht! Was für ein unordentliches Volk!

Na, der Grieche war aber ganz schön von vorgestern!

Der war noch von viel weiter her; denn das liegt jetzt bald zweieinhalbtausend Jahre zurück. Aber zu seiner Zeit dachten alle Griechen und später alle Römer so wie er. – Und jetzt muss ich dir gestehen, dass ich dich ein bisschen irregeführt habe, als ich Ägypten mit in die Wahl genommen habe. Denn Ägypten gehört ja nicht zu Europa, wo unsere Geschichte spielt. Es sind die Griechen und nach ihnen die Römer, die die Fundamente unserer europäischen Gesellschaftsformen gelegt haben. Ägypten stand gar nicht zur Wahl. Deshalb lassen wir hier auch das alte Israel beiseite, in dem du eine wirkliche kleine Rebekka gewesen wärst; denn daher kommt ja dein Name. Auf den großen Einfluss, den das Alte Testament über das Christentum auch auf unsere Lebenswelt genommen hat, kommen wir noch zu sprechen.

Und es muss in unserer Geschichte unbedingt Europa sein?

Ja. Das möchte ich uns gern als Rahmen setzen; denn sonst wird es uferlos. Es schadet ja auch nichts, wenn man den Erdteil, in dem man lebt, ein bisschen besser kennt als andere. Mir scheint das sogar wichtig. Aber ich will dir doch noch einen schönen Satz sagen, der sich in einem ägyptischen Papyrus findet. Er heißt: »Mache jeden Tag zum Fest, an dem die Frau, die in deinem Herzen wohnt, an deiner Seite sitzt.«

Das ist wirklich ein schöner Satz. Man könnte ihn auch umdrehen: »Mache jeden Tag zum Fest, an dem der Mann, der in deinem Herzen wohnt, an deiner Seite sitzt.«

Ja, heute könnte man ihn umdrehen, damals konnte man das nicht. Aber da ich nun so entschieden gesagt habe, dass ich mich in meiner Geschichte auf Europa beschränken möchte, sollten wir doch auch etwas zur Sprache bringen, das meinen Wunsch scheinbar in Frage stellt. Wir sollten nämlich fragen, ob denn alles, was europäisch ist, auch wirklich aus Europa kommt.

Bei vielen Dingen weiß man sofort, dass das nicht der Fall ist. Die Seide kommt aus China, die Kartoffel aus Amerika. Wenn wir beides nicht hätten, müssten wir uns anders kleiden und ernähren; aber doch nicht entscheidend anders. Es gibt allerdings noch andere Beispiele. Denk an den Teetopf und die Kaffeekanne auf eurem Abendbrot- und Frühstückstisch: Ihr Inhalt kommt ursprünglich aus Indien und Arabien und ist erst im Laufe der frühen Neuzeit zu uns gelangt.

Und vorher?

Vorher gab es in Europa weder Kaffee noch Tee. Und ich will dir gern gestehen, dass es für mich kaum vorstellbar ist, dass während der ganzen Antike und des ganzen Mittelalters bis in

19

die Neuzeit hinein kein nachdenkender Mensch sich von einer Tasse Tee anregen oder von einem Espresso neu beleben lassen konnte. Wir haben da Lebenselixiere, die nicht auf europäischem Boden gewachsen sind oder auch nur auf ihm hätten wachsen können. Schon hier könnte man anfangen, darüber nachzudenken, was denn ein Kontinent nur für sich genommen eigentlich ist.

Aber ich will dir ein noch besseres Beispiel geben.

Wenn du deine CDs ansiehst und dir überlegst, welche von ihnen du jetzt einlegen möchtest, dann wirst du dabei die Auswahl aus vielen modernen Pop- und Rockplatten haben. Und sie werden wahrscheinlich deine Lieblingsmusik sein – die Musik, die deinem Lebensgefühl am ehesten entspricht.

Das ist wahr. Klassik ist ja manchmal auch ganz schön, aber die hatten irgendwie nicht die richtigen Instrumente.

Na, wie man es nimmt. Aber weißt du denn, woher die Musik kommt, diese Pop- und Rockmusik? Und der Jazz?

Rockmusik kommt aus England; daher kommen jedenfalls die Beatles und die Rolling Stones. Und der Jazz – nun ja, den hör ich nicht so oft, der ist ja selbst schon halb klassisch.

Er kommt aus Amerika, und auch wenn viele berühmte Rockgruppen aus Europa stammen, so geht ihre Musik doch auf den Jazz zurück. Jazzmusiker haben sich auch als Erste zu solchen Bands zusammengetan, wie wir sie heute kennen. Hast du einmal Bilder von den berühmten amerikanischen Jazzmusikern gesehen?

Das ja. Sie waren Schwarze.

Und wie kommt das?

Na ja, irgendwie hängt das mit den schwarzen Sklaven auf den amerikanischen Plantagen zusammen.

Richtig. Der Jazz entstand aus den Liedern des Heimwehs, die diese Sklaven auf den Plantagen sangen und spielten. Sie gehören ursprünglich nicht nach Amerika, sondern nach Afrika, und wenn du doch einmal Jazz hörst, bist du eigentlich von allen Ländern, die du kennst, sehr weit entfernt und dafür nahe bei Afrika. Aber natürlich liegen viele Zwischenstufen auf dem Weg von diesen Liedern auf den Plantagen zu den Songs von heute; ich wollte dir nur zeigen, dass vieles, was uns europäisch erscheint, seine Wurzeln in anderen Kulturen hat.

Na, ich werde mich auch noch mal ein bisschen außerhalb von Europa umsehen. Aber erst, wenn deine Geschichte zu Ende ist. Sind wir jetzt mit den Ägyptern fertig?

Ja, und nicht nur mit den Ägyptern. Für heute ist es genug, und wir haben schon weiter ausgeholt, als ich eigentlich wollte. Beim nächsten Mal sehen wir uns unseren guten alten Kontinent einmal ein bisschen genauer an. Und dann geht es los.

Und wo fangen wir an?

Bei den Griechen und Römern. Denn bei denen fängt alles an, was in Europa wichtig ist.

Na, nach einer einfachen Geschichte hört sich das ja nun doch nicht an. Aber wenn mir die Puste ausgeht, haben wir ja unsere Vereinbarung!

Europa – aber was ist das?

So, da bin ich wieder! Heute wollten wir einen genaueren Blick auf Europa werfen? Das kann ja nicht so schwierig sein.

Nein, bestimmt nicht. Und damit wir, auch für unsere nächsten Erzähltage, eine gute Aussicht auf unseren Erdteil haben, spielen wir jetzt mal ein bisschen und tun so, als säßen wir am Rand des Mittelmeeres und ließen unsere Blicke wandern.

Und wo sitzen wir da?

An der Nordküste Afrikas. Dort, wo das punische Karthago war und wo heute Tunesien liegt. Von da aus sehen wir Europa sozusagen von links unten. Ein gutes Stück links hinter uns liegt das Atlasgebirge. Weißt du, warum es so heißt?

Nein.

Die alten Griechen glaubten, dass es einen mythischen Riesen namens Atlas gäbe, der den Himmel über der ganzen Welt, der Welt des Mittelmeerraums, auf seinen Schultern trüge. Und weil das nordafrikanische Gebirge so besonders hart und rissig ist, hat man vielleicht gemeint, dass er dort steht, um Himmel und Erde zu hebeln. Nicht weit von ihm sind nämlich die Säulen des Herkules, auf die sich nach dieser Vorstellung das Himmelsgewölbe herabsenkt.

Die Säulen des Herkules? Was ist das?

Das ist das, was wir heute die Meerenge von Gibraltar nennen. Die alten Griechen glaubten, dass hier die Welt zu Ende sei, über der der Riese Atlas den Himmel auf seinen Schultern trug. Hinter den Säulen des Herkules, so fürchteten sie, konnte sich leicht ein Abgrund auftun, in den man hereinstürzte, wenn man sich mit dem Schiff herauswagte. Siehst du, hier habe ich eine Landkarte, ein ganzes Buch mit Landkarten.

Einen Atlas! Heißt der nach dem Riesen? Weil er die ganze Erde zwischen seinen Deckeln hat?

Kann gut sein. Siehst du: Da ist das Atlasgebirge im heutigen Marokko und Algerien, hier ungefähr, bei Tunis, sitzen wir gerade, und hier sind die Säulen des Herkules, also die Straße von Gibraltar.

Aber wie konnten denn die Griechen denken, dort wäre die Welt zu Ende? Siehst du, hier, wo – warte mal – wo jetzt Bordeaux liegt, an der Westseite von Frankreich, müssen doch auch damals schon Leute gelebt haben, und die konnten doch hierher, sagen wir: nach Marseille, reisen und den Leuten dort erzählen, dass bei ihnen kein Abgrund ist, sondern ein ganz normales Meer. Wir waren mal da, da fahren Schiffe wie überall anders auch.

So ist es sicher auch gewesen. Und ein paar mutige Griechen sind dann auch durch die Säulen des Herkules und an der französischen Küste entlanggefahren; bis nach Cornwall in England sind sie gekommen. Aber du hast da schon ein paar gute Stichworte gegeben. »Reisen« zum Beispiel, und »Schiffe« und »wie überall anders auch«. Wenn du dir dieses Europa auf der Karte ansiehst, was fällt dir dann auf?

Hm!

Na – ist es vielleicht ein einziger dicker Hefekloß, um den man einmal herumfährt, und fertig?

Nein. Es sieht eher so aus, als hätte jemand, um bei deinem Bild zu bleiben, den Hefekloß ganz beliebig auseinandergerollt und -gerissen. Mal dick, mal dünn, mal im Ganzen und mal richtig zerfasert. Und die Inseln! Als hätte man einfach Teig ins Wasser geworfen. Bei manchen hat man noch einen dicken Riegel Teig angeklebt, das sind dann Halbinseln mit Gebirgen.

Stell dir jetzt mal vor, du müsstest mit einem Stift an den Küstenlinien Europas entlangfahren, und vergleiche dann diese Linie, die du ziehst, mit der von – nun, sagen wir: Australien. Hier ist Australien im Atlas.

Na, ich würde schätzen, dass die Küstenlinie von Europa ein paar Mal so lang ist wie die von Australien. Und dabei ist doch alles ganz nah beieinander! Von keiner Bucht ist es weit bis zur nächsten oder bis zum nächsten großen Fluss. Oder bis zum nächsten großen Gebirge. Mehr als Schiffe – gar keine großen – braucht man wirklich nicht, oder vielleicht Pferd und Wagen, wenn es noch keine Autos und ICEs gab. Eigentlich müsste in Europa jeder jeden kennen. Immer schon gekannt haben.

Du bist gar keine schlechte Sachenfinderin! Und du hast fast alles genannt, was Europa ausmacht. Es ist ein ganz kleiner Erdteil, es ist sehr stark gegliedert und es hat sehr bequeme Verkehrswege. Jeder kam immer schon schnell überall hin, wenn er nur wollte. Und die Europäer wollten immer schon. Es gibt sehr alte Straßen, auf denen über lange Jahrhunderte hinweg der Handel floss. Eine Bernsteinstraße führte vom Baltikum über Norddeutschland an den Rhein und weiter durch Frankreich ans Mittelmeer; Pelze aus Russland wanderten auf anderen Wegen nach Italien. Umgekehrt kamen Wein, Schmuck und Tongefäße in den Norden und Osten. Aber wir können vermuten, dass nicht nur der Handel auf diesen Straßen zog, sondern dass es in Europa auch immer schon ganze Wanderungen gegeben hat: Armutswanderungen, wie man sie heute nennt, Wanderungen aus kalten und kargen Gebieten in warme und fruchtbare. Denn das Klima, davon haben wir noch nicht gesprochen, ist zwar überall in Europa erträglich, aber es ist doch sehr unterschiedlich. – Und als es sich im kalten Norden herumsprach, wie prächtig es in den Palästen des inzwischen erblühten Römischen Reiches zuging, da hielt es die Germanenstämme nicht mehr zu Hause. Sie waren echte Wirtschaftsflüchtlinge, die stolzen Goten und Vandalen.

Aber was hat das alles mit den Frauen und Mädchen zu tun?

Vor allem das eine, dass es auf sehr viele Kriege hinauslief. Vielleicht gar nicht mit Absicht. Aber wie du selbst gesehen hast: Es waren keine weiten Wege in Europa, nirgendwohin, und jeder konnte seiner Küste, seinem Fluss, seinen Bergen mit den Augen folgen und sich überlegen, was wohl weiter unterhalb und weiter oberhalb lag. Und irgendwann probierte es jeder aus. Vielleicht lag es daran, dass die Europäer, wiewohl aus sehr verschiedenen Völkerschaften zusammengesetzt, im ganzen ein beweglicher, unruhiger, neugieriger und austauschwilliger Menschenschlag wurden.

Es ist dann, als sich die Mitte und der Norden unseres Erdteils während und nach der Völkerwanderung für die Kultur der Antike und für das Christentum zu öffnen begannen, noch manches dazugekommen. Über das Christentum die Strenge einer Religion, die nur an *einen* Gott glaubte, von den Römern das Nachdenken über Macht und Recht, von den Griechen die Beschäftigung mit der Natur und dem eigenen Ich. Wenn du dann noch die fast fröhliche Kampfeslust der Kelten und Germanen im Westen und Norden Europas dazunimmst, von denen die Kelten anscheinend wirklich vor nichts anderem Angst hatten als davor, dass ihnen der Himmel auf den Kopf fiel …

Das steht bei Asterix!

Und nicht nur da. Also, wenn du das alles zusammennimmst, dann hast du sehr Recht: Die Europäer kannten sich gut; sie kannten sich nicht zuletzt von unzähligen Schlachtfeldern her. Und jeder der Kämpfer war überzeugt davon, dass er Recht hatte. Dass er das ältere Recht oder die bessere Religion hatte – nämlich die einzig wahre –, die höhere Staatsform, die klügeren Kaufleute, die edleren Krieger … Alle diese Vorzüglichkeiten findest du in unserem schönen alten Europa wieder, in seinen Kirchen, Palästen, Städten und Universitäten, in seinen Kunstwerken, Büchern und Gesetzen.

Wundert es dich da, dass es in Europa nicht nur ein Kriegshandwerk und eine Kriegskunst, sondern sogar eine Wissenschaft vom Krieg gab? Und dass die Kriege hier so schwer auszurotten sind? Und dass es in Europa so ganz besonders männlich zuging? Nicht nur patriarchalisch wie in anderen Hochkulturen, sondern auf eine kampfeslustige Art männlich?

25

Und damit wären wir auf Umwegen wieder bei den Mädchen. Denn für ihr Schicksal war es nicht gleichgültig, ob ihre Männer, Väter und Brüder über Generationen hinweg friedlich den gleichen, reichen Acker bewirtschafteten oder vielleicht auch den, den ihre wohlhabenden Frauen ihnen in die Ehe gebracht hatten, oder ob die Männer jedes Jahr in ihre Schiffe sprangen oder auf ihre Pferde stiegen und losbrausten – sei es zum Angriff, sei es zur Verteidigung. Mit etwas Glück kamen sie im Herbst wieder und brachten goldene Ringe und Ketten als Beute mit; aber wenn es nicht so glücklich lief, mussten die zurückgebliebenen Frauen zusehen, wie sie sich, zusammen mit den Alten und den ganz Jungen, über den Winter brachten; und über alle folgenden auch noch.

Ich kann dir auch schon mal ein Beispiel geben, wann und wo ich jedenfalls nicht gern ein Mädchen gewesen wäre: In einem kleinen Dorf an der norwegischen Westküste zur Wikingerzeit, etwa 800 bis 1000 nach Christi Geburt. Denn die Schönheiten des Schärensommers hat es zwar schon damals gegeben, aber wenn ein kleines Mädchen die Ziegen melken, die kleinen Geschwister versorgen und die Steine vom kargen Acker klauben musste, dann hatte es vielleicht nicht den rechten Blick für diese Schönheiten. Und wenn man sich dann im Herbst an den immer rascher hereinbrechenden Abenden die Augen nach den Schiffen aussah, die ja vielleicht doch noch kommen und die Männer zurückbringen konnten …

Das hört sich sehr, sehr weit weg von unserer Zeit an! Aber sag mir noch etwas: Sind alle Frauen immer zu Hause geblieben, wenn die Männer weg mussten oder weg wollten?

Meistens ja. Aber man muss fairerweise sagen: Es hat ja seine Gründe, warum man die Frauen und Mädchen von den allerfrühesten Zeiten an, in denen die Männer noch einfach auf die Jagd gingen, mit den Kindern im Lager am Feuer gelassen hat. Das bedeutete ja auch Schutz für die körperlich Schwächeren und Entlastung von Gefahren.

Nur, und das ist wichtig: Frauen hatten deshalb auch keinen Anteil am Jagdzauber, am Fleischopfer, an der Gemeinschaft der Männer – und damit an deren politischen Rechten. Denn aus Stämmen wurden Völker, Länder und Staaten; aus Zauber und Opfer wurden Götterkulte und Staatsrituale, aus der Teilnahme an ihnen wurden schließlich Bürgerrechte. Und von denen blieben die Frauen von Anfang an ausgeschlossen. Aber damit fängt die Politik an und wir hören hier auf.

Und nächstes Mal kommen die Griechen?

Ja.

Erzählst du mir auch, was ich für Kleider gehabt hätte, wenn ich bei denen ein Mädchen gewesen wäre? Für Spielzeug bin ich ja schon zu groß, aber interessieren würde mich auch das.

Natürlich. Sonst könntest du dir die griechische Rebekka ja gar nicht vorstellen.

Sehr gut. Aber weißt du, ich glaube, ich weiß jetzt schon was!

Na?

Heute ist es am besten!

Warten wir's ab.

27

Griechenland: Die kleine Bärin

Drei Bälle und ein Korb mit Nüssen

So, da wären wir also bei den alten Griechen, ungefähr im Jahr 500 vor Christi Geburt. Aber du wirst gleich sehen, dass die zu ihrer Zeit gar nicht alt, sondern jung und fröhlich waren. Habt ihr sie nicht schon in der Schule gehabt?

Ja, aber das ist schon wieder eine Weile her und das wollen wir auch lieber auseinander halten. Ich fange am besten gleich damit an, einfach nur zuzuhören.

Gut. Du kannst es ja so machen wie manche Gesprächspartner in den Dialogen des berühmten griechischen Philosophen Platon; die sagen da zum Beispiel: »Recht sprichst du, beim Zeus!« oder: »Gewiss nicht, so meine ich.«

Auf diese Weise weiß man, dass sie noch da sind!

Nicht nur das. Der Philosoph – und es ist sein Lehrer Sokrates, den Platon da sprechen lässt – überzeugt alle seine Schüler und gewinnt sie am Ende für seine Meinung. Aber wir sind ja keine Philosophen, sondern wollen nur eine Geschichte erzählen, und da liegt es ganz bei dir, ob du etwas sagen möchtest oder nicht. So haben wir es ja ausgemacht.

Recht sprichst du, beim Zeus, so meine ich.

Ausgezeichnet! Und wir fangen genau da an, wo wir das letzte Mal aufgehört haben. Ich erzähle dir, was du als griechisches Mädchen angehabt und womit du, als du noch kleiner warst, gespielt hättest. Dann bist du jedenfalls schon einmal im richtigen Rahmen!

Stell dir ein langes, rechteckiges Stück Stoff vor, das man zur Hälfte zusammenklappt und in dem man drei Schlitze für Kopf

und Arme lässt. Auf der Schulter ist das Kleid entweder genäht oder geknöpft, in der Taille wird es von einem Gürtel gehalten. So einfach waren griechische Kleider. Aber wenn wir sie auf den Vasenbildern sehen, dann merken wir, dass mit der Einfachheit die Kunst erst anfing, und das ist sehr bezeichnend für die Griechen. Die Kleider waren weit geschnitten, und der feine Leinenstoff muss sich wunderbar gebauscht haben, wenn man ihn geschickt legte. Über die Arme fiel der Stoff locker von den Schultern herab; Ärmel gab es nicht. Das Kleid fiel faltig bis auf den Boden und war sicherlich ein angenehmer Schutz gegen die Sonne; aber bei kleinen Mädchen wird man es kürzer gehalten haben. Es gab aber auch Kittelvarianten, die mehr Bewegung, vor allem zum Tanzen erlaubten. Wenn es kühl war, hättest du einen Mantel getragen; aber auch dieser Mantel wäre ein rechteckiges Stück Stoff, diesmal aus feiner Schafwolle, gewesen. Er wurde kunstvoll über eine Schulter geworfen, über den Rücken gezogen und mit einem Arm lose im Sitz gehalten. Das heißt, wenn man einen Mantel trug, musste man sich sehr graziös bewegen, sonst rutschte er weg oder verwurstelte sich.

Da sprichst du aber bedenkliche Worte, beim Zeus!

Es geht noch weiter. Deine Haare wären kunstvoll aufgesteckt gewesen und hätten dein Profil betont – das berühmte griechische Profil, bei dem eine Stupsnase ein Schönheitsfehler gewesen wäre. Aber du hättest auch lustige Zipfelmützen oder Hauben mit Mustern auf dem Kopf haben können. Strümpfe gab es nicht, dafür hübsche Sandalen oder Schuhe aus Leder. Wenn man fror, legte man sich im Sitzen den Mantel über die Knie. Als Schmuck hättest du Ohrringe oder Armreifen getragen.

Nicht schlecht!

Und dann das Spielzeug. Es gab lustiges Spielzeug, denn die Griechen waren einfallsreiche Leute und geschickte Handwerker: Bälle (aber noch nicht aus Gummi), kleine Tiere, Würfel und Spielsteine aus Holz oder Ton, Puppen aus Ton mit Schlenkergliedern, sogar ein Jojo sehen wir auf einem Vasenbild. Es gab auch Reifen und Kreisel, aber für die braucht man Platz und ebenen Boden im Freien, und deshalb könnte es sein, dass sie den Jungen vorbehalten waren. Denn Mädchen und öffentliche Plätze, das vertrug sich in der ganzen Antike nicht gut miteinander. Und wenn das natürlich auch am Klima des Mittelmeerraums liegt, so ist die Frage »Mädchen – und Frauen – in der Öffentlichkeit« doch interessant.

Für Mädchen gehörten sich zum Spielen eher kleine Teller und Töpfe, mit denen sie früh ihre Rolle als künftige Verwalterin von Haus und Küche einüben konnten. Denn Spielzeug, auch das können wir schon einmal für unsere ganze Geschichte festhalten, diente vor allem der Einübung der späteren Rolle.

Und auch die Grundformen des Spielzeugs haben wir hier schon beisammen: Bälle, Puppen, bunte Figuren und kleines Geschirr. Nur dass das alles später nicht immer so hübsch und kunstvoll hergestellt wurde wie bei den Griechen, die eine natürliche Gabe für Spiel und Bewegung hatten. Sehr griechisch war auch, dass Mädchen sich frühzeitig im Tanzen, im rhythmischen Begleiten von Chorliedern und in deren Gesang übten. Auch das Flötespielen brachte man ihnen bei; denn die Flöte, das hören wir noch in römischer Zeit, galt als ein so einschmeichelndes Instrument, dass es für Mädchen wie geschaffen schien.

Na, was ich davon halte, hab ich ja schon gesagt.

Ich weiß. Aber auch daran erkennst du das Rollenverständnis der Antike. Noch etwas? Ja, richtig, Schaukeln gab es, die man in den Bäumen festmachte – auch die sind ein Urspielzeug. Und kleine Wagen und Steckenpferde für die Jungen. So, das war der einfachere Teil eines griechischen Mädchendaseins. Aber ehe es schwieriger wird, setzen wir dich noch weiter in den richtigen Rahmen; dann macht es mehr Spaß.

Stell dir vor, du säßest auf einem hübschen Stuhl mit einer

31

Lehne, hättest dich ein wenig zurückgelehnt und spieltest mit drei kleinen Bällen, die du nacheinander hochwerfen und wieder auffangen müsstest. Es gibt ein Vasenbild, auf dem ein Mädchen genau das tut. Neben dir stünde ein Korb mit Nüssen und aus dem könntest du dich von Zeit zu Zeit bedienen. Auf dem Bild hättest du eine gewebte Zipfelmütze mit einem lustigen Zickzackmuster auf dem Kopf.

Sehr gut. Lass dir ruhig Zeit mit dem Erzählen! Aber weißt du was?
Können wir nicht überhaupt spielen, dass ich immer gerade die Kleider
anhabe, die zu der Zeit gehören, von der du erzählst?

Abgemacht. Für Griechenland wärst du also schon eingekleidet.

Ein freier griechischer Bürger …

Woher die Griechen kamen, wissen wir nicht ganz genau, wahrscheinlich von den Südhängen des Kaukasus Mit Mann und Ross und Wagen sind sie in mehreren großen Wellen über das heutige griechische Festland, die heutige türkische Westküste und die ägäische Inselwelt hereingebrochen. Wahrscheinlich haben sie ihre Frauen und Kinder gleich mitgebracht, sonst wäre die Urbevölkerung nicht so völlig ins soziale Abseits gedrängt worden, wie es dann geschah.

Die Lebenswelt der Griechen sollte das Meer werden, auch wenn der Aufbau ihrer Gesellschaft deutlich auf ländliche, bäuerliche Ursprünge hinweist. Die Dreiheit von Landwirtschaft, Meer und bald auch Städten auf kleinem, günstig gelegenem Raum sollte sehr zur raschen Blüte der griechischen Kultur beitragen. Einige ihrer Eigenschaften haben wir schon kennen gelernt: Die Griechen waren phantasievoll, einfallsreich, wach und in jeder Hinsicht unglaublich begabt. Überall, wo sie hinkamen, gründeten sie nun Siedlungen und Herrschaften. Kleine Herrschaften, denn das Land war kleinräumig und oft nur inselgroß. Nur Athen, das bald zur größten und berühmtesten dieser Gründungen werden sollte, war etwas größer. Es umfasste den ganzen Süden des griechischen Festlandes, den man Attika nennt. Außer Athen gab es zum Beispiel Sparta, Korinth und Theben oder Smyrna, Milet und Ephesus.

Lauter Städtenamen! Aber das haben wir auch gehabt.

Ja, alle diese kleinen griechischen Reiche waren nur Städte mit ihrem Umland, sie waren Stadtstaaten. Den griechischen Namen für einen solchen Stadtstaat wirst du kennen, den der Polis.

Doch, ja.

Der Name steckt in unserem Wort Politik; denn die Polis war ein Gemeinwesen, in dem die Politik die erste Rolle spielte und in dem sie von den Bürgern gemacht wurde.

Ich kann mich erinnern.

Nach einer Zeit sozialer Unruhen gab es in Athen einen weisen Staatsmann und Gesetzgeber; der hieß Solon. Er ordnete – um 500 vor Christus – die Verhältnisse in der Stadt auf eine ganz neue, unerhörte Weise. Fortan war jeder freie Mann in Athen ein Bürger der Polis. – Und nun fragen wir gleich mal, wie es mit seiner Frau und seinen Töchtern stand. Ob es auch Bürgerinnen gab. Die Antwort lautet: Nein. So einfach war das ja schon mit den Bürgern nicht gewesen. Auch in Athen hatte es anfangs die Unterdrückung der armen Bauern des Umlands durch die reichen, adligen Landbesitzer gegeben, und auch Solon schaffte die hergebrachte Gesellschaftsordnung nicht aus der Welt. Die Reichen blieben reich, die Armen wurden nicht viel reicher. Immerhin aber galt seit Solon: Jeder freie griechische Bürger durfte an der Volksversammlung teilnehmen, durfte sich in Gremien wählen lassen, durfte die Beamten wählen und seine Rechtssachen vor ein frei gewähltes Gericht bringen. Das gab es sonst nirgendwo. Man nannte die neue Staatsform die »Demokratie«, und diesen Namen kennst du auch.

Gewiss, beim Zeus! Und wo bleiben jetzt die Frauen?

Gleich! Erst fragen wir noch: Was ist denn nun eine Demokratie? Oder besser: Was war sie damals in Athen? Das Wort bedeutet »die Herrschaft des Volkes« und für die Demokratie unserer Zeit trifft das auch zu. Aber in Athen war ein »Demos« nicht das ganze Volk, sondern »der Siedlungsbezirk«, später »der Stadtteil«. Ein weiterer berühmter Reformer und Gesetzgeber, der Kleisthenes hieß, machte diese »Demen«, die Teilbezirke der Stadt, zur Grundlage der »Demokratie«. Wer einem »Demos« angehörte, durfte mit »herrschen«.

Ein Demos aber bestand nicht aus einzelnen Menschen, aus Individuen, sondern aus Häusern. Das griechische Wort für Haus, »Oikos«, steckt in vielen modernen Wörtern: in Ökonomie und Ökologie zum Beispiel. Ein Haus aber wurde vertreten durch den Hausherrn – oder besser: ein Oikos war identisch mit dem Mann, der ihm vorstand. Denn das Wort »vertreten« könnte den Eindruck erwecken, als gebe es hier Leute, die vertreten werden mussten. Es gab sie aber nicht. Wer zum Oikos gehörte – die Ehefrau, die Kinder, die Sklaven und das Vieh – hatte keinen eigenen Rechtsstatus, konnte deshalb auch nicht vertreten werden.

Nun weißt du natürlich, dass die Griechen nicht etwa ihre Frauen mit dem Vieh zusammen eingesperrt hielten. Nein, die Frau lebte mit dem Mann und den Kindern im Hause, und wenn es ein wohlhabender Oikos war, dann hatte sie schöne Räume und schattige Gärten mit Säulengängen für sich. Du hast ja gesehen, dass sie schöne Kleider trug, musizierte und tanzte und dass kleine Mädchen Spielzeug und eine Schaukel hatten. Und wenn du dich recht erinnerst, dann sitzt du gerade auf einem geschnitzten Stuhl, hast eine Zickzackzipfelmütze auf, spielst Ball und bedienst dich aus einem Korb mit Nüssen.

Wahr sprichst du, gewiss!

Keine Rechte zu haben, hieß also nicht unbedingt, arm zu sein. Das Vieh stand im Stall oder auf der Weide, und die Sklaven lebten in oder neben dem Haus in ihren eigenen Quartieren, die wir uns eher unwohnlich vorstellen müssen. Es gab wohl keinen Haushalt in Athen, der nicht wenigstens einen Sklaven hatte; vor allem aber gab es Sklavinnen für die Hausarbeit. Leider lässt sich aus den Bildern, die wir haben, nicht immer erkennen, um was für Frauen es sich bei den einzelnen Verrichtungen handelt.

Webstuhl und Wollkorb gehörten zur Hausfrau und zwar bis hinauf zur Königin; sie waren die Symbole ihres Standes. Aber durften griechische Bürgerstöchter mit dem Wasserkrug auf dem Kopf zum öffentlichen Brunnen gehen und dort einen Schwatz halten, wie wir es aus unseren mittelalterlichen Städten kennen? Wir wissen es nicht. Die Wasserträgerinnen können auch Sklavinnen gewesen sein. Gab es für griechische Mädchen und Frauen außerhalb des Hauses Räume der Öffentlichkeit? Und sei es nur zur Erledigung häuslicher Pflichten? Wenn ja, dann sicherlich nicht für eine Frau alleine. Wir wissen aus der Odyssee, dass die Königstochter Nausikaa, die kaum älter als fünfzehn gewesen sein dürfte, mit ihren Gefährtinnen und Dienerinnen ans Meer fuhr, um dort Wäsche zu waschen oder eher wohl: waschen zu lassen. War das schon Öffentlichkeit?

Dass die Sklaven kein Stimmrecht in der Volksversammlung hatten, hielt übrigens jeder Athener für selbstverständlich. Nur die freien griechischen Männer waren Bürger der Polis, sonst niemand. Ohne die Sklaven allerdings, die auf dem Lande, in den Werkstätten und im Hafen arbeiteten, hätten die Männer kaum die Zeit gehabt, ihre Bürgerrechte wahrzunehmen.

… und seine Töchter

Wie wurde man ein freier griechischer Mann? Indem man von einem freien griechischen Bürger und einer freien griechischen Frau abstammte. Und damit niemand auf den Gedanken kam, dieses Bürgerrecht später anzuzweifeln, wurde die Hochzeit zweier freier Griechen vor vielen geladenen Gästen, das heißt vor vielen Zeugen, nach festgelegten Riten vollzogen. Die Kinder aus einer solchen Ehe wurden nach ebenso sorgfältig beachteten Ritualen in die »Phratrie«, einen Verband innerhalb des Demos ihrer Eltern, eingeführt, die Jungen bei ihrer Mündigkeit, das heißt ihrer Waffenfähigkeit, sogar eingeschrieben.

Dann gab es also doch griechische Bürgerinnen?

Nein, es gab sie nicht. Es gab freie Griechinnen und nur sie kamen für die Ehe mit dem Begründer eines Oikos in Frage; andernfalls war sein Sohn kein griechischer Bürger. Aber »Bürgerinnen« in unserem Sinne waren die griechischen Frauen nicht. Sie konnten nicht nur keine politischen Rechte ausüben; sie waren auch rechtsunfähig im juristischen Sinne. Nur wenn einer der Männer, die ihr Leben bestimmten, ihr Vater, ihr Bruder, ihr Onkel, ihr Mann oder ihr Sohn sie vor Gericht vertrat, konnte sie das einklagen, was ihr an Rechten doch noch zustand, Erbrechte zum Beispiel.

Nein, wenn es überhaupt etwas gab, womit Frauen in Griechenland sich trösten konnten, dann war es nur das Bewusstsein, je zur Hälfte in einem griechischen Bürger enthalten zu sein. Aber dieser verstand sich dabei nicht als ihr Sohn, sondern als Enkel ihres Vaters. Und da es keinen Sinn hätte, unsere heutigen Vorstellungen in eine andere Zeit zu übertragen, müssen wir davon ausgehen, dass eine griechische Frau damit zufrieden war. Oder?

Oder?

Gleich. Bleiben wir noch einen Augenblick beim Erbrecht, denn es zeigt die griechische Gesellschaft da, wo auch den stolzesten Männern Grenzen gesetzt sind. Die Natur spielte auch mit den Griechen, und wenn es ihr beliebte, dann ließ sie in einem Oikos ein Mädchen nach dem anderen zur Welt kommen.

Na, und? Ist doch prima! Entschuldige!

Das finde ich auch, aber zumindest die Griechen dachten da anders, und ich würde hier gerne gleich anfangs einmal ein Beispiel dafür durchspielen, dass Mädchen immer auch ein Teil der Gesellschaft, ja der Politik waren oder doch sein konnten. Das gehört auch zu unserem Thema.

Na gut.

Also: Für den betroffenen Vater ergaben sich nun ganz handfeste Probleme. Was hatte er zu tun?

Er warf vermutlich einen Blick des Neides auf andere Häuser, in denen es Töchter mit Brüdern gab. Dort war die Sache einfach: Sobald das Mädchen herangewachsen war, suchte ihr Vater einen passenden Bräutigam, schloss mit ihm einen Ehevertrag, vereinbarte eine Mitgift, richtete mit dem Schwiegersohn zusammen eine prächtige Hochzeit aus – und konnte seine Tochter, wirtschaftlich gesehen, vergessen. Sein Erbe ging an den Sohn und darauf kam es an.

Wenn aber kein Sohn da war? Zunächst einmal hatte der Vater, wie jeder Vater in Griechenland und später auch in Rom, das Recht, die Zahl seiner Töchter, überhaupt seiner Kinder, zu begrenzen, indem er nur einige annahm und die anderen nach der Geburt aussetzte, das heißt: dem Tod an einem abgelegenen Ort preisgab. Aber das war nicht nur eine grausame, sondern auch eine zweischneidige Sache, denn niemand konnte wissen, ob ihm noch ein Sohn geboren wurde und ob die erwählten Töchter am Leben bleiben würden. Ohne wenigstens eine Tochter aber gab es nicht einmal einen Enkel.

Nehmen wir weiterhin an, der Vater starb, ehe er seine Tochter hatte verheiraten oder ein Testament machen können. Was geschah dann? Es ist interessant, dass der weise Gesetzgeber Solon auf diese scheinbar so unwichtige Rechtsfrage, und fast nur auf sie, eigens eingeht. Aber er legt nicht etwa fest, dass eine Erbtochter nach dem Tode ihres Vaters Ausschau nach einem Freier halten darf, den sie liebt und dem sie ihr väterli-

37

ches Vermögen zubringen kann. O nein, er verfügt vielmehr, dass die Tochter mit dem Besitz gehe. Das heißt: Der nächste erbberechtigte männliche Verwandte – oft der Bruder des Vaters oder sein Sohn – hat Anspruch auf die Tochter und damit auf den Besitz. Er wird sie in der Regel selbst heiraten, auch wenn er dazu seine eigene Ehe scheiden muss. Das Vermögen, das er so erheiratet, muss er später an seinen Sohn als den Enkel des Erblassers übergeben. Dabei sind offenbar nicht selten ziemlich komplizierte Familienverhältnisse herausgekommen. Wärst du gern eine solche Erbtochter gewesen?

Bestimmt nicht. Die Griechinnen können mir jetzt schon Leid tun. Und das mit dem Aussetzen ist doch fürchterlich!

Darauf kommen wir später noch mal. Dennoch ist die Sache nicht so langweilig, wie sie dir jetzt vielleicht vorkommt. Es gibt nämlich Anzeichen dafür, dass Solon zur Stärkung der neuen bürgerlichen Verfassung auch die Macht der städtischen Bürger gegenüber dem Land besitzenden Adel stärken wollte. Dazu gehörte es, dass bei Töchtern mit Brüdern die Mitgift nicht aus Land, sondern aus Geld bestehen musste, und dass eine Erbtochter eben den Besitz nur an einen nah verwandten Mann geben durfte.

Und was sollte dabei herauskommen?

In ländlichen, vor allem in adlig geprägten Gesellschaften war Landbesitz wichtiger als Geld, weil er Herrschaft über andere Menschen, über Abhängige, verbürgte. Eine Frau, die ihn einbrachte, genoss hohes Ansehen. Du kennst doch die Märchen, in denen die Prinzessin dem armen Prinzen oder sogar dem Schweinehirten das Königreich ihres Vaters einbringt? Meinst du, die hätte sich danach brav sagen lassen, was sie tun durfte und was nicht?

In städtischen, bürgerlichen Gesellschaften dagegen war und ist Geld wichtiger als Land; aber Geld ist etwas Unpersönliches. Frauen, deren Mitgift aus Geld besteht, festigen ein bürgerliches Haus, in dem der Mann regiert – denn es ist er und nicht sie, der über diese Mitgift verfügt, solange sie lebt. So könnte es sein, dass Solon die Stellung der Frau beschnitten haben wollte, um die Stellung des bürgerlichen Hauses in der Polis, die Stellung der Männer in ihm zu stärken. Wenn dem so wäre, wäre es nicht das einzige Mal, dass der Übergang von einer adligen zu einer städtischen Gesellschaft zwar die Bürgerrechte stärkte, aber nur als Rechte der Männer. So ist es vielleicht kein Zufall, dass gerade im demokratischen Athen die Frauen deutlich geringer geschätzt wurden als etwa in Sparta und Kreta mit ihren ländlichen, vordemokratischen Strukturen.

Ist Athen denn dann so toll?

Mit seiner Demokratie nicht nur ohne Frauen, sondern auf ihre Kosten, meinst du? Ist da nicht der Preis zu hoch? Ich meine, nein, er ist doch nicht zu hoch. Erst einmal musste das Modell einer politischen Mitbestimmung da sein, das Nadelöhr, durch das alle durchmussten: erst die freien Männer, dann die Halbfreien, dann die Unfreien und ganz zum Schluss die Frauen. Aber so weit kam es in Athen nie.

Uff! Das lese ich aber doch lieber noch mal in Ruhe nach!

Hab ich dich wieder überfahren? Das tut mir Leid.

Macht nichts. Weiter! Mit diesen Erbtöchtern sind wir ja wohl durch.

Ja. Aber es wird leider noch nicht gleich besser.

Die Philosophen

Man kann immer wieder hören, der große Philosoph Platon habe es mit den Frauen viel besser gemeint als sein Schüler und Kollege Aristoteles; er habe ihnen sogar eine gleichberechtigte Stellung in der Leitung des Staates zugebilligt. Daran ist etwas Wahres: Er lässt in der »Politeia«, seinem Buch über den Staat, seinen Lehrer Sokrates mit großem Nachdruck versichern, zwischen Frauen und Männern gebe es nur biologische Unterschiede und diese wirkten sich bei Führungsaufgaben nicht aus. Und in einem anderen berühmten Dialog, dem »Gastmahl«, lässt Platon eine Frau, die Priesterin Diotima, sehr schöne und wesentliche Dinge über die ideale Liebe sagen.

Das hört sich ja schon ganz modern an, denkst du wahrscheinlich, vor allem das Erste. Ja, nicht wahr? Aber es ist ein Idealbild des großen Philosophen, des Schöpfers der Ideenlehre, und leider auch nicht mehr. Und das lag daran, dass für Platon ebenso wie für alle anderen griechischen Philosophen der biologische Unterschied nicht nur der trotz allem entscheidende war, sondern dass er die Minderwertigkeit der Frauen grundsätzlich festschrieb.

In anderen Dialogen lässt Platon seine Redner denn auch mit großer Verächtlichkeit von den Beschäftigungen der Frauen sprechen. Spinnen und Weben! Etwas anderes konnten sie ja doch nicht. Lächerlich, diese Arbeiten im Ernst mit denen der Männer zu vergleichen! In Platons Lehre von der Seelenwanderung erlebte ein feiger Mann eine Wiedergeburt als Frau, und er konnte noch froh sein, wenn er sich nicht als Sklave oder Vieh wiederfand; denn die kamen wieder gleich hinter der Frau. Wie hätten Feiglinge denn Leitungsaufgaben im Staate wahrnehmen können? – Nein, lass dich nicht von Platon verführen, sondern halte dich lieber an Aristoteles. Der sagt dir gleich klipp und klar, dass du als Mädchen minderwertig bist.

Ich?! Da irrt er sich aber!

Er meint natürlich alle Mädchen. Und nicht zuletzt dank der ungeheuren Nachwirkung des Aristoteles galt diese Meinung auf sehr lange Zeit. Er misst das Weibliche einfach am Urmaß aller Lebewesen, am Männlichen, und er findet, dass auch bei allen Tieren das Weibchen schwächer, ja defizitär ist. Kleiner und unansehnlicher ist die Frau, und es fehlt ihr an allem, was den Mann ausmacht und kennzeichnet. Sie ist einfach eine mindere Form des Mannes, und jedes Mädchen, das geboren wird, ist nur ein schief gegangener Junge.

40

Aber das ist doch Unsinn!

Es ist nicht schwer, hier den großen Philosophen eines Vorurteils zu zeihen (und sich leise zu fragen, was denn beim Ausbleiben solcher »Pannen« wie den Geburten von Mädchen aus der Menschheit geworden wäre). Aber man muss immer bedenken, dass auch noch lange nach den Zeiten der Jäger und Sammler am Lagerfeuer, dass jedenfalls in der Zeit der griechischen Stadtstaaten jedes Gemeinwesen jederzeit durch feindliche Angriffe bedroht sein konnte und dass nur die Überlegenheit seiner Verteidiger seinen Bestand sicherte. Da war es nicht ganz gleichgültig, dass Frauen körperlich schwächer waren als Männer.

Von Aristoteles ist aber auch zu berichten, dass er, wenn die Überlieferung Recht hat, glücklich verheiratet war und mehrere Kinder hatte. Wie viele von diesen allerdings Pannen waren, wissen wir nicht.

Geschichten vom Weben

Aber nach so viel männlicher Politik und Philosophie will ich dir jetzt schnell von etwas anderem erzählen. Es gab nämlich auch Bereiche, in denen Mädchen und Frauen, Jungen und Männer so nah nebeneinander standen, dass man schon beinah von Gleichstellung sprechen könnte. Das ist der ganze Bereich der Religion, den man bei den Griechen aber besser den kultischen nennt.

Denn es gab da noch eine andere Öffentlichkeit als die rein politische der Volksversammlung, und sie entfaltete sich bei den Festen zu Ehren der vielen Gottheiten, die in den griechischen Stadtstaaten verehrt wurden. Und in diesen Kulten kamen den Männern und Frauen, den Jungen und den Mädchen je nach der Natur der Gottheit ganz eigene, nicht austauschbare Rollen zu. Dazu will ich dir eine der unzähligen

41

Geschichten erzählen, die es in der griechischen Sagenwelt gibt. Du kennst doch die biblische Geschichte von der Sintflut? Von Noah und seiner Arche, in die er von jedem Lebewesen zwei, ein Männlein und ein Weiblein, mitnehmen durfte, damit es hinterher weitergehen konnte?

Klar.

Nun, auch bei den Griechen gab es eine Sintflut, und auch an ihrem Ende ging es darum, wie es nun weitergehen sollte. Von den Menschen war nur ein einziges Paar übrig geblieben; der Mann hieß Deukalion, die Frau hieß Pyrrha. Um die Erde wieder zu bevölkern, stellte sich jeder von ihnen an einer Erdfurche auf und warf Steine hinter sich. Die Steine der Frau wurden zu Frauen, die des Mannes zu Männern. So einfach ging das, und ganz ohne die Mühe des Kinderkriegens, mit dem sich Noahs Söhne und ihre Frauen plagen mussten.

Die Geschichte von Deukalion und Pyrrha macht deutlich, dass es bei den Griechen Lebenswelten von Männern und Frauen gab, die ganz unabhängig voneinander waren und sich nicht überschneiden mussten. Man hat das auch an den beiden verschiedenen Arten von Blut deutlich gemacht, mit denen die beiden Geschlechter dem Bestand der Polis dienten. Die Männer vergossen – im Frieden – feierlich das Blut des Opfertieres, und diese Zeremonie begründete in Athen die politische Gemeinschaft, die Gemeinschaft der Bürger. Die Frauen dagegen, die niemals ein Opfermesser hätten handhaben dürfen oder wollen, sicherten mit ihrem Monatsblut den biologischen Fortbestand der Gemeinschaft. Offenbar hat man diese Parallele sehr bewusst wahrgenommen.

Dieselbe Parallele zeigt sich bei den beiden Fertigkeiten, die der Schutzgöttin der Stadt, der städteschirmenden Göttin Athene, heilig waren: der Landwirtschaft und der Webkunst. Die eine oblag den Männern, die andere – wie wir schon von Platon her wissen – den Frauen, aber vor der Göttin wogen beide gleich viel. Und da es sich um eine weibliche Gottheit handel-

te, kam den Mädchen und Frauen in ihrem Kult eine besondere Rolle zu: Sie webten das Gewand der Göttin, den »Peplos«,
mit dem ihre berühmte Statue alljährlich bei den großen »Panathenäen«, einem mehrtägigen Fest, bekleidet wurde. Bei den
Panathenäen durften auch Mädchen mitmachen; dies war das
Fest, das alle Altersgruppen und Stände beider Geschlechter
vereinigte.

Zum Weben der Frauen gibt es auch eine Geschichte, die sich
trotz Platon zu erzählen lohnt: Als die kleinasiatische Stadt Tro-
ja nach zehnjähriger Belagerung schließlich von den Griechen
erobert worden war, folgte für viele der daran beteiligten Helden eine bittere Zeit. Den berühmten Odysseus verschlug es
auf die Meere des Mittelmeerraums, auf denen er weitere zehn
Jahre herumirrte, um schließlich allein und als Bettler an die
Gestade seiner Heimatinsel Ithaka geworfen zu werden. Dort
hatte inzwischen seine Gemahlin Penelope auf ihn gewartet,
die ganzen zehn Jahre lang. Da sie aber schön und tugendhaft
und nicht ganz arm war, fanden sich viele Männer ein, die die
Nachfolge des Odysseus antreten und sie heiraten wollten.
Penelope versprach schließlich, sich für einen von ihnen zu
entscheiden – sobald sie eine Webarbeit, mit der sie beschäftigt
war, fertig gestellt hatte. Die Freier willigten ein; aber was tat
Penelope? Sie trennte nachts alles wieder auf, was sie tags ge-
webt hatte, und wurde auf diese Weise niemals fertig. Nun kann
man sich nicht vorstellen, dass die Freier, junge und ungestü-
me Männer, die List nicht durchschaut hätten. Es wäre ihnen
ein Leichtes gewesen, den Webstuhl nachts bewachen zu lassen
und so das Gewebe zu sichern. Aber sie taten es nicht. Warum
nicht? Sicher, sie fanden das Leben, das sie hier führten, nicht
übel; aber es muss mehr gewesen sein. Sie müssen in diesem
Weben und Gegenweben eine Kraft, einen Zauber erkannt haben, die stärker war als ihr Begehren. So hat Penelope zehn
Jahre lang webend das Geschick vieler Männer – auch das des
Odysseus – in der Schwebe gehalten.

Und sogar politischen Einfluss konnte die enge Verflechtung von Kult und Politik den Frauen einräumen. Wenn ein zerstrittenes Gemeinwesen zu ein und derselben kultischen Herrschaft gehörte und wenn deren Dienst – etwa für die Göttin Hera – von Frauen versehen wurde, dann konnten diese Frauen die politischen Geschicke einer ganzen Region in der Hand halten. Mit Recht hat man deshalb von einer Art kultischen Bürgerrechts der Frauen gesprochen.

Es muss deshalb für Frauen trotz aller grundsätzlichen Einschränkung in diesem Rahmen ein gewisses Maß an Öffentlichkeit gegeben haben, ein Recht, sich außerhalb von Haus und Garten zu bewegen. So hören wir von der Dichterin Sappho von Lesbos, einer der wenigen großen Dichterinnen überhaupt, dass auch für profane Feste, für Hochzeiten zum Beispiel, Chöre von Frauengruppen eingeübt wurden, und die sind sicherlich in der ganzen Nachbarschaft aufgetreten und also unterwegs gewesen.

Lesbos? Hat das was mit der lesbischen Liebe zu tun, von der man manchmal hört?

Ja; sie heißt nach Sappho. Die Liebe innerhalb des eigenen Geschlechts statt zwischen Mann und Frau spielte jedenfalls im Denken der Griechen eine große Rolle. Platon stellte sie in der Form der Knabenliebe über die eheliche Liebe mit ihren Alltagsplagen.

Und woher kommt das?

Solche Dinge haben ihre Wurzeln immer auch in der Gesellschaftsordnung einer Kultur. Wenn etwa ein Mädchen sich seinen Partner nicht selbst aussuchen darf und auch der Mann nur eine begrenzte Wahl hat, dann kann eine Ehe leicht zum Zwang werden. Dennoch ist bei den Griechen an der Ehe als Grundlage des Hauses nie gerüttelt worden. Auch Sappho hatte eine Tochter. Wir besitzen ein kleines Gedicht, in dem sie beklagt, dass sie wegen eines Aufruhrs in der Stadt kein schönes, gesticktes Band für diese habe kaufen können; aber sie tröstet sich damit, dass in dichtem, dunklem Haar nichts so hübsch aussehe wie ein einfaches Purpurband. Blonde Mädchen, meint sie, müssten sich aufwendig mit Blumen bekränzen, um ihr Haar zur Geltung zu bringen.

Bei mir tut's eine grüne Pudelmütze. Weiter!

Wir wissen außerdem, dass etwa der Weingott Dionysos ganze Scharen von Anhängerinnen für seinen Kult in entlegene Bergregionen zog; Frauengruppen müssen tagelang unterwegs gewesen sein, und das über weite Entfernungen hinweg. Auch dazu gibt es eine hübsche Geschichte: Als athenische Frauen einmal auf dem Weg zu ihrer Kultstätte in Delphi abends in einen kleinen Ort kamen, überfiel sie die Müdigkeit und sie legten sich einfach auf dem Marktplatz zum Schlafen nieder. Zufällig aber war – und das wussten sie nicht – gerade dieser Ort in einen der endlosen Kriege mit Athen verwickelt, also Feindesland. Aber die Frauen des Ortes wussten es und was taten sie? Sie bewachten den Schlaf der vielleicht auch ein wenig Berauschten von ferne, damit ihre Männer ihnen nichts antun konnten, und als die Frauen erwachten, gaben sie ihnen zu essen und zu trinken, halfen ihnen in jeder Weise und geleiteten sie schließlich zur Landesgrenze. Ist das nicht eine hübsche Geschichte? Und eine sehr hintergründige dazu.

Nein, wir dürfen uns Frauen in Griechenland trotz ihrer Verbannung ins Haus in allen wichtigen Situationen auch in der Öffentlichkeit vorstellen und jedenfalls in allen Krisen. Denn in Krisen mussten die Götter angerufen werden und man musste ja zu ihren Tempeln gelangen. Aber eben nie alleine, sondern in Gruppen und mit Begleitung.

Und weil ich vorhin ein Fragezeichen gemacht habe, als ich sagte, die Frauen seien vermutlich mit ihrem Los zufrieden gewesen und hätten gar keine politischen Rechte verlangt, will ich dir gleich noch eine Geschichte erzählen: Es gab unter den etwa dreißig athenischen Festen auch eines, an dem allein die verheirateten Frauen teilnahmen: das Fest zu Ehren der Frucht-

45

barkeitsgöttin Demeter, die »Thesmophorien«. An ihm wählten die Frauen innerhalb ihres Demos ihre Vertreterinnen für den Kult – in einer Art kultischen Demokratie also –, und der Dichter Aristophanes beschreibt, wie die athenischen Frauen die Macht, die ihnen an den drei Tagen des Festes eingeräumt wurde, nutzten: Sie besetzten den öffentlichen Ort der Volksversammlung und übernahmen politische Rollen. Sie hielten sogar eine richtige Frauenvolksversammlung ab und wählten drei Frauen in politische Ämter. Und sie beschlossen eine Verurteilung des großen Dichters Euripides – wegen der Verächtlichkeit, mit der er über Frauen sprach.

Ja, wenn es aber so was gab – ?!

Ach, so was gab es eben nicht. Aristophanes war ein Komödiendichter und die ganze Geschichte ist Hohn und Spott. Aber man möchte meinen, er wusste, wovon er sprach, und kannte die eine oder andere Frau und ihre Wünsche. – Und jetzt willst du endlich wissen, warum dieses Kapitel »Die kleine Bärin« heißt …

Recht sprichst du, beim – na, den Zeus können wir wohl schon mal weglassen.

… und warum immer nur von Frauen und nicht von Mädchen die Rede ist. Dafür gibt es zwei Gründe: Erstens wissen wir über Kinder überhaupt wenig, und zweitens wurden sie wirklich haargenau in die Rollen eingepasst, die sie später übernehmen sollten. Wenn sich die Frauen für die vielen großen Feste mit Kränzen und Bändern schmückten, dann taten das auch die Mädchen, und wenn Frauen ihre Rollen in den Kulten einübten, dann probten die Mädchen die ihren.

Aber es gibt doch ein paar Ausnahmen, in denen nur von Mädchen die Rede ist. Derselbe Dichter Aristophanes, den wir eben so unfreundlich fanden, lässt in einer anderen Komödie den Chor der Athenerinnen berichten, welche Rollen eine vornehme junge Athenerin – und über andere erfahren wir sowieso nichts – als kleines Mädchen in den Kulten der Stadt gespielt hat. Da heißt es:

46

Mit sieben Jahren schon war ich Arrephore,
mit zehn mahlte ich dann das Korn für unsere Beschützerin,
dann mit dem Safrankleid angetan war ich Bärin bei den
    Brauronien,
schließlich, als großes, schönes Mädchen war ich Kanephore
mit einer Kette von getrockneten Feigen …

Na – sehr lustig hört sich das nicht gerade an! Und was bedeuten die komischen Namen?

»Arrephoren«, das waren vier kleine Mädchen, die von der Volksversammlung und den Beamten ausgewählt wurden und eine sehr geheimnisvolle Aufgabe hatten. Sie mussten auf ihrem Kopf einen fest verschlossenen Korb von einem Tempel zu einem anderen befördern, ohne den Inhalt ansehen zu dürfen. Vielleicht endete ihre Aufgabe mit einer Weihe zum Dienst der Göttin Athene. Denn Priesterinnen konnten Mädchen natürlich auch werden. Ähnlich rituell war das Mahlen des Korns für die Opferkuchen der Göttin, das in einem anderen Kult von Mädchen vorgenommen wurde.

Kleine »Bärinnen« nun waren höchstens zehn Jahre alt; sie lebten eine Zeitlang in einer großen Gruppe im Tempel der Göttin Artemis in Brauron, südlich von Athen. Vasenbilder zeigen sie mit schulterlangem, offenem Haar und in kurzen, offenbar safrangelben Kleidchen. Am Ende ihrer Zeit in Brauron scheint auch hier eine rituelle Weihe, diesmal für die Göttin Artemis gestanden zu haben. Artemis war die Göttin der Jungfräulichkeit, das hieß bei den Griechen: der – noch – nicht vermählten jungen Menschen, und außerdem war sie die Göttin der Jagd; wilde Tiere waren ihr heilig. Sollten die kleinen Mädchen in ihrem Dienst die bärenhafte Wildheit der Kinder ablegen – offenes Haar und kurze Kleider waren Zeichen für beides – und mit der Zeit im Artemisheiligtum aus ihrer Kinderhaut schlüpfen?

Die nächste Stufe jedenfalls, in der die Mädchen auch von

anderen als »schön«, als »erblüht« bezeichnet werden, ist die, die dem heiratsfähigen Alter vorausging. In diesem Alter konnten junge Athenerinnen »Kanephoren« sein, Korbträgerinnen. Sie schritten bei den großen Panathenäen im feierlichen Zuge, wie wir ihn vom Parthenonfries der Akropolis kennen. Auf dem Kopf hatten sie Körbe mit der heiligen Gerste, unter der das Opfermesser verborgen lag. Ohne einen solchen Korb, der dem Opferpriester ausgehändigt wurde, konnte kein Opfer stattfinden, und hier kommen Frauen nahe an das Tieropfer heran. Hier grenzt das kultische Bürgerrecht an das politische; aber es überschreitet die Grenze nicht.

Und wenn die Mädchen schließlich vierzehn sind, dann kommen sie in vielen Städten bei den Feiern zu Ehren der Stadtgottheit sogar in Gruppen mit jungen Männern zusammen. Aber damit endet es auch schon. Während die jungen Männer für waffenfähig erklärt werden und das Bürgerrecht erhalten, kehren die Mädchen ins Haus zurück und warten darauf, dass ihr Vater den Heiratsvertrag für sie aushandelt – meist übrigens mit einem älteren Mann, weil die jungen erst in den Krieg ziehen müssen. Über all dem aber halten die Priesterschaften der Stadt zusammen mit den hohen Beamten eine schützende und lenkende Hand.

So war das in Athen. Auf dem Wege von Artemis zu Aphrodite und weiter zu Hera und Demeter wurde die Kindheit zurückgelassen und die Heirat vorbereitet. Aber da du nun bei alldem ganz erschrocken auf deinem hübschen Stuhl sitzt und das Ballspielen ebenso wie das Nüsseknacken vergessen hast, will ich dir noch einmal versichern, dass alle Kulte in Griechenland immer auch einen fröhlichen Charakter hatten. Für kleinere Mädchen gab es außerdem beim Frühlingsfest kleine hölzerne Schwalben und alle Kinder durften mit einem Schwalbenlied einen fröhlichen Umzug machen und um kleine Geschenke bitten.

Und das ist alles?

Das ist ziemlich viel, finde ich.

Ja, aber –

Aber es war zu schwierig? Ja?

Nein, das nicht. Aber es war wieder so sehr weit weg.

Das kann ja auch gar nicht anders sein. Aber ich kann dir ja zum Schluss einfach noch ein bisschen erzählen.

Die Hälfte

Wir haben vorhin schon von der Königstochter Nausikaa gehört, die mit ihren Gefährtinnen und Dienerinnen zum Meeresufer fährt, um dort Wäsche zu waschen. Nausikaa trifft dort am Strand Odysseus, den es auf seiner Irrfahrt schiffbrüchig an das Ufer der Phäaken verschlagen hat. Die Anziehung ist wechselseitig. Oder da ist die Geschichte von der Frau, um derentwillen Griechen und Trojaner zehn Jahre lang Krieg führten, die schöne Helena. Da ist Andromache, die Gemahlin des Hektor, des glänzenden Helden; sie hält ihren kleinen Sohn auf dem Arm und beschwört seinen Vater, er möge sich nicht dem sicheren Tod in der Schlacht aussetzen. Da ist Kassandra, die Priesterin und Seherin; da ist Penelope, von der wir schon gesprochen haben. Da ist Alkestis, die mit ihrem Mann das Lebenslos tauscht und statt seiner in den Tod geht, damit er, der Mann und König, leben und herrschen kann. Die Namen purzeln nur so. Da sind Medea und Circe, die fremden Zauberinnen, da ist Antigone, die der Dichter den berühmten Vers sprechen lässt: »Nicht mitzuhassen, mitzulieben bin ich da«. Jede dieser Frauen steht in intensiver Beziehung zu der Welt um sie herum, ist ein Teil von ihr, ist die Hälfte jedenfalls des persönlichen Lebens. Wie verträgt sich das mit der vollständigen Abhängigkeit der griechischen Frauen von den Männern?

Na, wie?

49

Die Griechen waren sich bei allem Abstand in den Lebenswelten der Spannung zwischen den Geschlechtern sehr bewusst. Sie wussten genau, dass die Frauen die Hälfte waren, und dass jede dieser Frauen für den scheinbar so mächtigen Mann auch Gefahr und Verhängnis sein konnte.

Kehren wir noch einmal zu den Philosophen zurück: Die früheren unter ihnen teilten die Natur regelrecht zwischen Mann und Frau auf. Dem weiblichen Prinzip ordneten sie die Erde, die Nacht, den Mond, die Feuchtigkeit, ja die Kälte zu; dem männlichen dagegen den Tag, die Wärme, die Sonne. Die Folgen dieser Aufteilung kannst du noch heute – oder konntest es doch bis vor kurzem – jeden Abend im Fernsehen sehen: Sonnige Hochs sind männlich, fruchtbare Regentiefs weiblich. Die beiden Prinzipien schlossen einander aus, jedes war die Hälfte der Natur, die Hälfte eines Ganzen. Aber sie strebten danach, sich zu vereinigen; war dies geschehen und hatte es für eine kurze Zeit ein einziges Ganzes gegeben, so kehrte jedes wieder auf seinen Pol zurück. So kam viel Bewegung in die Natur.

Und hier hören wir auf, kleine Rebekka. Oder vielleicht doch lieber mit dem Alltag, mit einem Vasenbild, auf dem plötzlich ein Vorhang aufreißt: Wir sehen ein Mädchen oder eine junge Frau, die selbst eine Vase bemalt. War sie eine Sklavin? Oder eher die begabte Tochter eines Kunsthandwerkers? In diesem Bereich, im häuslichen Handwerk mit seinem Bedarf an künstlerischer Qualität, dürfte am ehesten ein Freiraum für eigenständige weibliche Begabungen zu suchen sein. Später übrigens auch in Handel und Wirtschaft: Lange nach der Hochblüte der griechischen Kultur, im ersten nachchristlichen Jahrhundert, hören wir, dass der Apostel Paulus auf selbstständige Kauffrauen wie die Purpurhändlerin Lyde traf und bei ihnen willig aufgenommen wurde. Lyde gilt als die erste getaufte Christin. Das war nun aber alles für heute. Du kannst nun in Ruhe darüber nachdenken, ob du gern bei den Griechen ein Mädchen gewesen wärst.
Ich glaube nicht. Aber manches war schon sehr hübsch!

Rom: Eine Tochter ist kein Sohn

Toga, Stola, Tunica

So, das war Griechenland.

Und jetzt? Jetzt kommt Rom?

Ja. Jetzt wird es Zeit, dass du aus unserem hübschen Bild aussteigst, deine Bälle beiseite legst und den Nusskorb stehen lässt. Umziehen kannst du dich später. Wir machen jetzt einen großen Sprung, nämlich den Sprung vom beinah kleinstmöglichen Staatswesen, der griechischen Polis, zum beinah größtmöglichen, dem römischen Imperium. Und dieser Sprung, den wir nun tun, ist nicht nur ein Sprung im Raum, von Athen nach Rom, sondern auch einer in der Zeit. Denn zwischen dem Philosophen Aristoteles und dem Kaiser Augustus, zu dessen Herrschaftsbeginn wir in Rom eintreffen wollen, liegen gut dreihundert Jahre. Wir springen vom vierten Jahrhundert vor Christi Geburt, vor Beginn unserer Zeitrechnung, ins erste.

Ich muss da jedes Mal nachrechnen, weil es doch irgendwie komisch ist, dass damals das erste Jahrhundert später war als das vierte.

Es ist auch seltsam, dass man in unserer Zählung die Menschen vor Christi Geburt sozusagen rückwärts leben lässt, wie eben Aristoteles von 384 bis 322 vor Christi Geburt. Das kommt einfach daher, dass den frühen christlichen Historikern die Geburt Christi wichtiger war als jedes andere Datum, so dass alle Menschen, die vorher gelebt hatten, sozusagen ins Minus verwiesen wurden. Bei den Römern gibt es übrigens etwas Vergleichbares: Sie zählten ihre Zeit von *ihrem* wichtigsten Datum an, von der mythischen Gründung der Stadt Rom im Jahre 753 (vor Christus). Aber sie hatten das Glück, dass sie nicht im

Nachhinein die halbe Kulturgeschichte der Menschheit im Minus vorfanden, sondern nur ein paar noch mythischere Gestalten, wie ihren Ahnherrn Aeneas. Moderne italienische Historiker zählen aber ebenso wie wir.

Für Schulkinder ist es übrigens sehr praktisch, dass die wichtigste Scheidemarke in der römischen Geschichte, nämlich das Ende der Republik und der Beginn der Kaiserzeit, ziemlich genau mit dem Beginn der christlichen Zeitrechnung zusammenfällt. Denn der Kaiser Augustus, den du aus der Weihnachtsgeschichte kennst, regierte von 31 vor Christus bis 14 nach Christus – wobei er sich über diese Zählweise natürlich sehr gewundert hätte. In seiner Regierungszeit wurde also Jesus geboren. So, das war unser großer Sprung.

Jetzt könntest du mir doch noch schnell sagen, was ich in Rom anhabe.

Gleich. Für ein Mädchen wie dich würde es übrigens keinen großen Unterschied machen, ob wir in die spätere Republik oder in die frühere Kaiserzeit springen; denn die Römer waren konservative Leute und behielten ihre Verhaltensformen lange bei. Für ein gut behütetes Mädchen jedenfalls änderte sich über lange Zeit nur wenig.

Aber mit »gut behütet« wären wir auch schon bei den Kleidern. Jetzt ist es wohl an der Zeit, dich umzuziehen. Weg mit der Zickzackzipfelmütze; eine Römerin trägt ihr Haar je nach Stand und Mode in Zöpfen aufgesteckt oder in kunstvolle Locken gebrannt oder in einer Kombination von beidem. Da wirken sich die aufwendigen Frisuren der spätgriechischen Kultur, des Hellenismus, aus. Das Kleid fällt nicht mehr in schön gelegten Falten, sondern es ist eine schlichte Tunica, bei Frauen eine Art hochgeschlossenes Hemdkleid, bei Männern eine Art Hemdkittel. Die Tunica war in der Taille gegürtet, und man konnte über den Gürtel in einem Bausch so viel vom Rock hochziehen, dass einem die Länge bequem war. Bei Männern dürfte sie knielang gewesen sein; bei Mädchen und Frau-

en musste die Tunica sittsam lang sein. Mit der Zeit wurde sie auch in Rom weiter, bequemer und für Mädchen auch hübscher geschnitten, bis sie zu einem richtigen Kleid wurde.

Bei einfachen Leuten, unten im Handwerker- und Krämerzentrum von Rom, in der quetschvollen Subura, wäre deine Tunica für den Alltag und die Arbeit aus einem eher groben, dunklen Leinengewebe gewesen, und sie hätte – mit etwas Unterzeug darunter – dein einziges Bekleidungsstück dargestellt, wenn du nicht gerade einen Mantel getragen hättest. Eigentlich aber ist die Tunica nur ein Unterkleid, und alles, was einen Römer ausmacht, kommt über sie. Oder auch auf sie drauf, wie bei Männern die verschieden breiten, farbigen Streifen, die militärische Ränge bezeichneten. Als Untergewand getragen, ist die Tunica schneeweiß und aus feinem Woll- oder Leinenstoff.

Aber was kommt über sie und wann wird es getragen? Über der Tunica trägt man seine Festkleidung und seine offiziellen Gewänder. Bei den Männern ist das die berühmte Toga, deren Spannweite von der schlichten weißen Toga des römischen Bürgers bis zur purpurgesäumten Toga der hohen römischen Beamten reicht. Das Bild eines römischen Redners, der, kunstvoll in seine Toga gewickelt, den Arm zu gebieterischer Geste hebt, findest du bestimmt einmal in einem Schulbuch. Aber auch für Frauen gab es Obergewänder und auch sie zeigten den gesellschaftlichen Rang an: Eine römische Ehefrau der höheren Stände trug eine weite, faltenreiche, farbige Stola über der Tunica und, wenn es kühl war, einen bestimmten Mantel darüber. Mäntel gab es in Rom viele, für alle Stände und Gelegenheiten.

Und was trugen Mädchen? Immer dasselbe wie Frauen?

So war es in Griechenland. Bei den Griechen trugen, nur natürlich nach Männern und Frauen unterschieden, alle Leute, groß und klein, arm und reich, vornehm und gering, die gleiche Kleidung. Höchstens dass der Stoff feiner oder grober und die Machart ein wenig eleganter war. Aber das ist in Rom anders. In Rom erkennt man einen Menschen an den kleinen Unterschieden in Schnitt, Verzierung, Farbe und Besatz seiner Kleidung. Sie alle sind Abzeichen für Rang und Stand und nichts ist zufällig.

Was also tragen Kinder? Wenn sie sich nicht als Kinder armer und vor allem unfreier Leute mit einer einfachen Tunica für den Alltag und einer hübscheren für die Feste begnügen mussten? Sie trugen etwas sehr Feines, und weil wir ja Spielraum für unsere Wünsche haben, kleiden wir dich jetzt erst einmal in eine weiße Tunica, und dann ziehen wir dir, da du ja nun noch nicht mit zwölf Jahren verheiratet worden bist, das gleiche Gewand an, das auch ein hoher römischer Beamter trägt: eine »Toga praetexta«, eine Toga mit breitem, senkrecht laufendem purpurrotem Streifen. Sie wurde ursprünglich wohl nur in vornehmen Familien, später aber von allen frei geborenen Jungen und Mädchen – jawohl, auch Mädchen – getragen; aber niemand weiß, warum das so war.

Mit dem Erwachsenwerden hörte die Pracht auf; dann kam für junge Männer die Bürgertoga, für die die Streifen erst verdient werden mussten, und für verheiratete junge Frauen eben die Stola. Aber noch bist du nicht verheiratet und hast ein Recht auf eine prächtige Toga praetexta. Und weil es jetzt mit den bequemen Sesseln erst einmal aus ist, setzt du dich am besten auf eine harte Sitzbank. Vielleicht ist sie aus Marmor, dann ist sie schön kühl; und über ein kleines Kissen lässt sich wohl reden. Aber sonst gilt in Rom: Haltung. An seiner Haltung, am genauen Einhalten von festgelegten Verhaltensformen, erkennt man den Römer ebenso wie an den clavi, den Streifen an seiner Kleidung.

Und woher kommt das? Es ist hier übrigens trotz Toga und Marmorbank eher ein bisschen ungemütlich.

Oder gerade deswegen.

Und was hat das alles mit Mädchen und Frauen zu tun?

55

Ich will versuchen, es dir zu erklären, aber vorerst kommen wir noch einmal auf unseren Anfang hier in Rom zurück. Sagen wir also, es ist das Jahr 31 vor Christus. Die Ermordung Caesars liegt dreizehn Jahre zurück, und eben sind die blutigen Bürgerkriege zu Ende, die darauf folgten; Augustus hat den Prinzipat, das Kaisertum, begründet. Caesar übrigens hatte eine Tochter, die er sehr liebte; sie hieß Julia, weil ihr Vater Gaius Julius Caesar hieß, das heißt, weil er aus dem Geschlecht der Julier stammte. Auch ein anderer berühmter Staatsmann dieser Zeit, Marcus Tullius Cicero, liebte seine Tochter, und die hieß – na, Julius – Julia, Tullius –? Richtig, Tullia. Und wenn wir jetzt zu Augustus zurückkehren, dann ist beinah das Interessanteste an ihm der Stammbaum seiner engeren und weiteren Familie, des julisch-claudischen Hauses. Er ersetzt beinah ein Puzzlespiel. Dort findest du Scharen von jungen Julias, Claudias, Livias, Atias, Octavias, Antonias, Vipsanias und so weiter, die mit Claudiern, Vipsaniern, Atiern, Valeriern und anderen verheiratet waren. Viele von ihnen waren enger miteinander verwandt, als das bei uns für gut gehalten würde; aber in Rom gab es ein kompliziertes System von Vettern- und Cousinenheiraten. Manche Verbindungen waren streng verboten, manche geradezu gefordert. Und natürlich mehrten solche gezielten Heiraten die Macht der »Gens«, des Clans, innerhalb dessen sie sich vollzogen. Deshalb förderten Augustus und seine ehrgeizige Frau Livia sie auch.

Schon wieder Heiratsgeschichten!

Ja. Für Rom gilt, wie wir schon gehört haben, dass Mädchen mit zwölf Jahren, spätestens mit fünfzehn, verheiratet werden konnten und noch früher verlobt wurden. Da blieb nicht viel von der Kindheit übrig. Und wenn der Blick auf die Stammtafel mit ihren immer wiederkehrenden Namen und dem kurzen Lebensalter etwas lehrt, dann dies: Mädchen, junge Frauen waren ein kühl kalkulierter Bestandteil der römischen Staatsräson. – Aber du wolltest wissen, warum die Römer, Männer, Frauen und Kinder, so genau auf ihr Verhalten und auf die Kleidung, die sie trugen, achteten. Das hängt mit dem zusammen, was wir eben gesagt haben.

Die »res publica« – eine öffentliche Sache

Die Römer waren von Anfang an ein Volk und haben sich stets als ein solches verstanden; sie wollten eines sein. Und zwar, anders als die Griechen, ein Volk in einem Staat, einer »res publica«, einer »öffentlichen Sache«. »Publicus«, »öffentlich«, hängt mit »populus«, »Volk«, zusammen. Der Staat, in dem dieses Volk sich organisierte, wuchs durch Kriege und Eroberungen rasch an, zunächst durch Auseinandersetzungen mit den Nachbarstämmen in Italien, dann durch das Ausgreifen in griechisches Siedlungsgebiet, dann durch Kriege gegen Kelten und schließlich nach der Bezwingung von Karthago, durch die Eroberung des ganzen Mittelmeerraumes und Westeuropas. Rom war zum Imperium geworden und in diesem galt römisches Recht.

Das, was der römische Dichter Vergil zur Staatskunst der Römer sagt, hat zwar nichts mit den Mädchen zu tun, aber ich will dir die berühmten Worte hier doch wiederholen. Diese Kunst bestehe, so sagt er, in der Wahrung des Friedens, in der Schonung der Unterworfenen und im Kampf gegen »Übermütige« – also gegen solche, die sich noch gegen Rom aufzulehnen wagten. *Na!*

In diesem römischen Volk sind von Anfang an viele verschiedene Elemente miteinander verschmolzen worden. Zum Beispiel: Ursprünglich hatten die Römer schlichte Könige und einige von diesen waren etruskischer Herkunft. Entsprechend finden wir etruskische Rituale vor allem in der Religion. Auch die Toga, das Staatsgewand, soll von den Etruskern kommen.

Dann waren die Römer einmal knapp mit Frauen und raubten

sie sich von den Nachbarn in der Sabina – so will es wenigstens die Sage. Das schuf andere Probleme: Beim Opferkult von Fleisch und Brot mussten die kultfremden Frauen zurückstehen; bei manchen Weinopfern durften sie nur verschleiert zugegen sein. Und so weiter.

Jede neue Eroberung erforderte neue Kompromisse im Zusammenleben innerhalb des Staates. Kulte, Rituale, Feste und Rechtsvorstellungen wurden so fest integriert, dass schon die römischen Gelehrten ihren Sinn nicht mehr immer nachvollziehen konnten. Aber eingehalten werden mussten sie und zwar streng. Einfache Soldaten konnten zur Not aus einer verlorenen Schlacht entkommen; ein Feldherr konnte es nicht. Er hatte sich in sein Schwert zu stürzen.

Ein Bauernvolk, ein Soldatenvolk und nicht zuletzt ein Juristenvolk, nüchtern und leidenschaftlich zugleich, das waren die Römer. Auf ihren Bildern sind die Helden häufig verwundet dargestellt, so, als sei ihr Heldentum gar kein strahlender Wert an sich, sondern nur ein Mittel im Dienste des Vaterlandes. Man war sich der Preise, die man für dieses zahlte, bewusst. Und zu diesen Preisen gehörte es, dass man widerspruchslos hinnahm, wohin man gehörte. Jeder wusste, was ihm zukam, aber jeder forderte es notfalls auch vor Gericht ein. Wundert es dich da, dass Toga und Marmorbank das Leben von Mädchen manchmal sehr ungemütlich machen konnten?

Nein, gar nicht. Aber wenn diese Atias und Claudias das durchgehalten haben, werde ich es ja wohl auch eine Weile lang überstehen.

Sie kannten es nicht anders. Aber bleib wirklich noch ein bisschen sitzen. Wir müssen jetzt eine Frage stellen, die für ein Mädchen in Rom die entscheidende war. Was ist ein römischer Vater?

War er denn etwas anderes als andere Väter?

Das werden wir gleich sehen.

Der »pater familias«

Fragen wir doch einfach mal, was ein römischer Vater tat, wenn er eine Tochter bekam. Freute er sich?

Ja, tat er das etwa nicht? Das heißt, wenn ich an das denke, was du aus Griechenland erzählt hast –

Natürlich, es konnte gut sein, dass er sich freute, sogar sehr freute. Schließlich waren die Römer keine Unmenschen; wir haben aus ihren Grabinschriften sogar ganz rührende Zeugnisse dafür, dass sie über den Tod eines Kindes, und gerade eines Mädchens untröstlich sein konnten. Außerdem waren Töchter etwas sehr Nützliches oder konnten es doch sein. Wirklich groß war die Freude über eine Tochter allerdings nur dann, wenn schon ein oder zwei Söhne da waren.

Denn einen Sohn brauchte ein Römer – fast – dringender als alles andere. Nur als Vater eines Sohnes war er wirklich ein Bürger. Nur ein Sohn konnte die Familie weiterführen, nur ein Sohn konnte ihr Ehre machen. Der Staat erwartete Söhne, weil er neue Bürger brauchte. Und neue Soldaten.

Eine Tochter dagegen war nicht nötig; doch konnte sie auch wieder ganz brauchbar sein. Erinnerst du dich, dass ich dir am Anfang sagte, ein Vater könne in manchen Zeiten bei seiner Tochter über sehr vieles verfügen, wenn nicht über alles? Nun, hier in Rom hast du wohl das beste Beispiel dafür, dass er das konnte.

Eine Tochter brachte dem Vater, wenn er es recht anfing, einen politisch willkommenen Schwiegersohn und die Beziehungen zu dessen Familie ein. Ein Schwiegersohn also konnte ein Wunsch-Sohn sein, beinah so nützlich wie ein Adoptivsohn. Denn das ist wichtig zu wissen: Ein »pater familias« konnte seine Familie ein wenig zurechtbasteln, indem er einen jungen Mann seiner Herzenswahl adoptierte, wenn dessen Vater einverstanden war und ihn in aller Form aus seiner väterlichen Gewalt entließ. Aber ein Schwiegersohn war vielleicht noch bequemer und für den brauchte man eine Tochter.

Eine Tochter also gern. Auch zwei. Aber dann wurde es kritisch. Denn jede Tochter musste verheiratet werden; ledige Frauen waren nicht vorgesehen. Jede Heirat aber kostete eine Mitgift. Sei deshalb nicht erschrocken, wenn ich dir sage, dass du in Rom vermutlich kaum mehr als *eine* Schwester gehabt hättest. Und die anderen Mädchen?

Es war einem römischen Vater verboten, seine erstgeborene Tochter auszusetzen; bei allen anderen hatte er unter Wahrung bestimmter Rituale freie Hand. Wir haben schon gehört, was »aussetzen« ist; es war in Rom eine weitere Form der Familienplanung. Es ist das, was die Eltern von Hänsel und Gretel taten, als sie nichts mehr zu essen hatten. Sie brachten die Kinder in einen tiefen Wald und ließen sie dort allein. Die Hexe war ja nicht vorgesehen; die Kinder hätten im Wald zugrunde gehen sollen. Und dieses Aussetzen von Kindern, allerdings meist von Neugeborenen, durfte ein römischer Vater handhaben, wie er wollte. Er konnte auch Söhne verweigern, aber wir dürfen vermuten, dass die meisten ausgesetzten Kinder Mädchen waren, auch wenn wir darüber natürlich keine Zahlen haben.

Aber das ist ja fürchterlich!

Die Zahlen haben wir dafür aus unserer eigenen Zeit; wir wissen, dass in vielen Ländern der Dritten Welt auf hundert Jungen, die erwachsen werden, nur etwas über neunzig Mädchen kommen. Dabei ist die Aussetzung oder Kindestötung heute wohl überall verboten. Man lässt Mädchen einfach leichter sterben als Jungen, weil man sie nicht braucht.

Wenn dann im alten Rom die Aussetzung ein völlig legitimes Mittel war, um die Zahl der Frauen zu kontrollieren, dann dürfen wir von einem noch ungünstigeren Zahlenverhältnis der Frauen zu den Männern ausgehen. Sicher ist, dass in Rom die Frauen wirklich knapp waren und dass jeder das wusste.

Weiter!

Warum aber durfte ein römischer Vater, und nur ein Vater, so vorgehen? Er durfte es deshalb, weil er ein »pater familias« war, ein Vater der Familie. Nun ist aber ein Vater der Familie nicht ein Familienvater, wie wir ihn kennen, sondern ein Herr über die Familie. Er war der Einzige, der in seiner Familie »potestas«, Gewalt, hatte, und zwar auch die Strafgewalt, die für unser heutiges Verständnis nur beim Staat liegen darf.

Was aber war dann noch privat? Und was war überhaupt eine Familie?

Eine Familie war eine männliche Generationenfolge in direkter Linie, die aber selten mehr als drei lebende Mitglieder (Großvater/Vater/Sohn) aufwies und sich in der Regel bis zu Vettern zweiten Grades väterlicherseits erstreckte.

Und was gehörte einer Familie, was war dem pater familias zu alleiniger Verwaltung und Verfügung anvertraut? Nun, das Privatvermögen: Das Haus, der Grundbesitz, die Sklaven, das Vieh, das Inventar, das Bargeld. Das alles war privat, sozusagen der »res publica« geraubt, denn »privat« kommt von »privare«, »rauben«. Über all das verfügte der »pater familias« als der älteste in der Generationsfolge. Er selbst würde aber auch die Schar seiner »Klienten«, abhängiger Begleiter aus ärmeren Schichten, dazugezählt haben. Und natürlich gehörten zum Stolz eines Römers in allererster Linie seine Söhne.

Und das war's. Gab es auch eine Ehefrau? Doch ja, einmal wird sie in der Nähe des Inventars erwähnt. Gab es auch Töchter? Nicht, dass wir es erführen. Jedenfalls nicht bei der Darstellung dessen, was eine »familia« oder ein »Haus« ausmachte.

Na, das ist aber auch schon sehr lange her!

Sicher. Aber spielen wir jetzt einmal, du wärest ein römisches Mädchen im heiratsfähigen Alter und dein Vater hätte beschlossen, dich einem aussichtsreichen jungen Mann zur Ehe zu geben, dessen Familie ihm gut in seine politischen oder wirtschaftlichen Pläne passte. Ich sollte dazu vielleicht noch sagen, dass du eine herkömmliche Erziehung erhalten hättest, dass du tanzen und Flöte spielen gelernt und vielleicht auch ein

61

bisschen Gymnastik getrieben hättest. Auch Lesen und Schreiben wäre dir nicht verwehrt worden, wenn du Lust dazu gehabt hättest. Nur gab es für Mädchen nicht viel zu lesen; denn die poetische Dichtung war zu frivol für sie. Vielleicht Auszüge aus historischen Schriften oder Lesetexte aus dem überlieferten Sagenstoff? Wir wissen, was Mädchen betrifft, wenig darüber. Verheiratete Frauen haben sich aber stets auch eigene Zugänge zur Bildung erschlossen, wenn sie an ihr interessiert waren. Für Mädchen gilt nur, dass jeder Unterricht im Hause abgehalten worden wäre.

Bei den Jungen war das anders, und da gibt es eine hübsche Geschichte, wie das heute noch gebrauchte Wort »trivial« – vielleicht – entstanden ist. Wenn die Eltern eines Jungen nicht genügend Geld für einen Privatlehrer, der übrigens ein griechischer Sklave sein konnte, besaßen, dann schickten sie ihn zu einem anspruchslosen Grundschullehrer an die nächste Straßenecke. Der lehrte dort im Freien, weil es billiger war, und er lehrte am liebsten an einer Ecke, an der gleich drei Straßen zusammenstießen, weil dann der Zulauf größer war. Drei Straßen aber heißt auf lateinisch »tres viae«, und daraus konnte nach dem Charakter des Lehrstoffs »trivial« werden. Im Mittelalter umfasste das »Trivium« die drei unteren Stufen des Lateinunterrichts, und auch daher könnte das Wort zu uns gekommen sein. Aber das wäre nicht so hübsch.

Wie dem auch sei, für Mädchen gab es solche öffentlichen Trivialitäten nicht. Man hätte dich auf deine künftige Rolle im Hause vorbereitet, und natürlich hättest du so viel Hauswirtschaft gelernt, wie in dich hineingegangen wäre. Das Spinnen von Wolle wäre sicher dabei gewesen; denn das hat noch der Kaiser Augustus seine Enkelinnen lehren lassen.

Da bin ich aber froh, dass du nicht der Kaiser Augustus bist!

Ja, nicht wahr? Wie sich das trifft! Nehmen wir nun aber weiter an, der für dich ausgewählte junge Mann – je nach Herkunft und Laufbahnplänen zwischen 18 und 24 Jahren alt – wäre

62

freundlich und gutwillig und sein Vater ebenso. Ihr würdet in ein hübsches Haus, vielleicht in einen Teil des Familienwohnsitzes, ziehen und auskömmlich leben. Aber würden Haus und Geld deinem Mann gehören? O nein! Er würde es von seinem Vater bekommen, sauber abgezählt und nicht etwa zu seiner freien Verfügung. Würde dein Mann ins Bürgerregister eingetragen sein? Keineswegs; dort stände der Name des »pater familias«. Hättet ihr überhaupt eigenen Besitz, der größeren Unabhängigkeit wegen? Nein, vom Vater gab es den nicht. Allenfalls gab es die Mittel, die nötig waren, um zur Ehre der Familie die römische Ämterlaufbahn anzutreten.

Weiter: Hättest du in dem neuen Hause vielleicht nette Schwägerinnen, Frauen deiner Schwäger, vorgefunden? Das wäre fraglich; denn der Vater deines Mannes würde doch schon überlegt haben, welchen seiner Söhne er zum Heiraten und damit zur Weiterführung der Familie und zum Erhalt ihres Vermögens bestimmt hätte. Und einen anderen Grund, eine Ehe zu schließen, gab es nicht. Die Brüder hätten sich vorerst auch mit Konkubinen, mit Nebenfrauen, deren Kinder nicht erbberechtigt waren, zufrieden geben können. Bis man gesehen hätte, wie es bei dir und deinem Mann weiterginge.

Ein paar Jahre lang hätte man abgewartet; wenn dann keine Kinder dagewesen wären, hätte es einen Familienrat gegeben und dein Mann hätte sich eine andere Frau gesucht. Für dich wäre dein Vater auf den Plan getreten, hätte dich mitsamt deiner Mitgift zurückgenommen und alsbald an einen anderen Mann gegeben. Eine neue Ehe bedeutete für dich eine neue Chance und für deinen Vater einen neuen Schwiegersohn mit neuen Verbindungen. Und so nach ein paar Jahren vielleicht noch einmal.

Manchmal lief diese Weitergabe der Frauen aber auch ganz direkt vom ersten Ehemann zum zweiten. Deine Mitgift wäre dir gefolgt – wie ein Schatten, sagte man. Während der Ehe hätte dein jeweiliger Mann den Nießbrauch an ihr gehabt. Wir wissen von vornehmen Römern, die drei bis vier Frauen nacheinander hatten. Aber auch von Liebe hören wir, und der Dichter Properz hat in einer berühmten Elegie auf dichtem römisch-patriotischem Hintergrund eine tadellose Ehe geschildert, in der die Zuneigung zwischen den Gatten greifbar wird.

Hier muss aber auch ein Wort gesagt werden zu der wirklich großen Gefahr, die für dich eine Ehe bedeutet hätte: nämlich zu der Gefahr, im Kindbett zu sterben. Die Müttersterblichkeit war in Rom wie in allen vormodernen Kulturen sehr hoch; sie dürfte bis zu zwanzig Prozent betragen haben. Das würde heißen, dass jede fünfte bis sechste Frau bei einer Geburt gestorben wäre. Man kannte die Gefahr und konnte die Gefährdung einzelner Frauen schon nach ihrem Körperbau einschätzen; aber man war machtlos. Dennoch wurde in jedem Fall eine Schwangerschaft gewagt; denn Kinderlosigkeit war für den Mann schlimmer als der Verlust seiner Frau.

Das ist alles wieder sehr, sehr weit weg. Aber es gehört natürlich doch schon zu den Fragen, die wir am Anfang besprochen haben.

Ja. Dieses Problem reicht aber noch bis weit in unsere Zeit hinein. Im Grunde brauchen Frauen ja erst seit hundert Jahren keine Angst mehr vor einer Geburt zu haben.

Und das Scheiden ging in Rom so einfach?

Das Scheiden war kein Scheiden in unserem Sinne, so wie die Ehe auch kein Akt in unserem Sinne war. Kein Segen vor dem Traualtar, kein Treueversprechen. Eine römische Ehe, ein »Matrimonium«, war ein reiner Rechtsakt, der von hergebrachten Zeremonien im Beisein von Zeugen begleitet wurde. Sie war jederzeit lösbar. Für arme Leute genügten ganz einfache Rituale.

Aber die Kinder?

Dazu eine Geschichte: Der Kaiser Augustus holte sich seine (zweite) Frau Livia aus deren Ehe mit Tiberius Claudius Nero, als sie ihren zweiten Sohn erwartete. Das scheint eine Art privates Arrangement zwischen den beiden Männern gewesen zu sein. Das Kind wurde eine Weile nach seiner Geburt dem Vater höflich zugestellt; denn ihm gehörte es ja. Dummerweise bekam Livia aus der Ehe mit Augustus dann keine Kinder mehr, so dass die Nachfolge im Prinzipat schon in der ersten Generation gefährdet schien. Aber nicht in Rom! Augustus zog die Söhne aus Livias erster Ehe heran, adoptierte den älteren, den späteren Kaiser Tiberius, und verheiratete ihn, der sich freilich nur schmerzlich von seiner ersten Frau trennte, mit seiner Tochter Julia (aus seiner ersten Ehe) sowie andere Claudier mit deren Nachkommen aus ihrer ersten Ehe. So hielt man das mit den Kindern in Rom. Bei einer Trennung der Eltern konnten sie durchaus auch der Mutter zugesprochen werden und ein Mädchen hat man wohl oft bei ihr belassen. Söhne dagegen gehörten eben dem Vater und das ganz buchstäblich. Von klein auf hatte ein Sohn seinen Vater zu begleiten, wann immer dieser es wünschte, und falls das Kind bei der Mutter lebte, wurde es dazu eigens abgeholt. Über die Auswahl der Lehrer und die Art des Unterrichts bestimmte der Vater. So weit reichte seine Macht, auch wenn er selbst noch ein Sohn war, weil sein eigener Vater noch lebte.

Wie ging es unter diesem Überbau zu?

Und das alles haben sich solche Frauen gefallen lassen? Da wäre ich lieber bei armen Leuten geboren worden!
Keine schlechte Überlegung. Konnte man Römerin sein, ohne für die Ehre des Vaterlandes leiden zu müssen? Natürlich hätten alle Claudias, Atias, Julias das entrüstet verneint. Wenn schon selbst kein Sohn, dann wenigstens die künftige Mutter eines Sohnes. Aber in der Praxis ging es nicht ganz so erhaben zu. Diese Römer waren bei all ihrer Formenstrenge ein bewegliches, lebhaftes Volk, wie es sich für die Vorfahren der heuti-

gen Italiener ja auch gehört. Fast alles, was streng verpönt war, passierte dennoch in fröhlicher Häufigkeit; die Gerichte und der Gesellschaftsklatsch waren ständig mit Pannen aller Art befasst. Und wenn die Gesellschaft nicht über Skandale redete, dann zum Beispiel darüber, dass die Tante des großen Gelehrten Varro an der Via Salaria eine Art Geflügelfarm betrieb.

Na, das ist aber doch was!

Wir wissen nichts Näheres; vielleicht war sie Witwe. Nachrichten dieser Art über Frauen sind rar. Jedenfalls aber, um das noch zu sagen, hätten sich weder Caesar noch Augustus als mindere Bürger gefühlt, weil sie keine Söhne, sondern Töchter hatten.

Diese Beweglichkeit des römischen Volkes nimmt nicht wunder, denn es floss ja ein stetiger Zustrom von Menschen allein aus den besiegten Ländern in diese unersättliche Stadt und veränderte sie unter der Hand. Schon die Sklaven, die in Britannien ebenso beschafft wurden wie in Numidien, trugen dazu bei. Meist hatten sie nur ein kurzes, hartes Leben, aber manchem winkte doch als Lohn die Freilassung, wenn auch meist erst im Alter. Das Kind aber, das nach der Freilassung geboren wurde, war frei geboren, war römischer Bürger, und wenn sein Vater oder vielleicht schon sein Großvater tüchtig war, konnte es durchaus schon in Wohlstand aufwachsen. Der Aufstieg in die streng abgeschotteten höheren Stände allerdings blieb ihm bis in die späte Kaiserzeit hinein verwehrt.

Der berühmte Dichter Horaz war der Sohn eines Freigelassenen und dieser sorgte für eine gute Schulbildung des Sohnes. Hatte Horaz vielleicht eine Schwester, die womöglich ebenso begabt war wie er? Wir wissen es nicht.

Nehmen wir also einmal an, dein Vater – Freier oder Freigelassener – habe als Händler, vielleicht im Lebensmittelgeschäft, gerade so viel verdient, dass er sich ein hübsches einstöckiges Häuschen mit einem kleinen Innenhof, einem Atrium, und einem geschützten Garten an einem der nicht ganz so vornehmen Hügel von Rom erwerben konnte. Wenn er noch ein bisschen reicher war, konnte er den Garten mit einem Säulengang umgeben, und in dem hättest du schon beinah so stolz sitzen können wie jetzt auf der Marmorbank. In Wirklichkeit wären die Möbel aus Holz und eher bescheiden gewesen.

Deine Freundinnen in den Nachbarhäusern hättest du durch die Gartenpforten oder auch mit einem kurzen Weg über die Straße erreichen können. Das hätte auch für deine Mutter gegolten; für weitere Wege hättet ihr allerdings besser eine Sänfte gemietet, einen geschlossenen Tragsessel, mit dem euch Sklaven getragen hätten. Vielleicht hätte dein Vater sogar für die heißen Sommermonate ein Gütchen in den Albanerbergen erworben; dann hättest du eine fröhliche Kindheit gehabt.

Hielten solche Ehen nun länger als die der Vornehmen? Das ist schwer zu sagen. Wir haben in den Inschriften auf Gräbern Zeugnisse für lange, glückliche Ehen – ebenso wie diese natürlich auch in der Oberschicht bezeugt sind –, und es liegt nahe zu vermuten, dass ein einfacher Kaufmann, der sich nicht viele Sklaven leisten konnte, an einer Frau interessiert war, die ihm Haus und Familie zusammenhielt. Aber wiederum lesen wir auf den Grabinschriften von Männern, die drei Frauen nacheinander hatten, ohne dass wir wüssten, ob die ersten beiden gestorben waren oder gegen die nächste eingetauscht wurden.

Immerhin haben diese losen Partnerschaften *eine* Folge gehabt: Jedes Kind, das von einer freien römischen Mutter geboren war, hatte eine gute Chance, das römische Bürgerrecht zu erhalten. Denn wer konnte immer wissen, wes Landes Bürger sein Vater war?

Doch es lohnt wohl einen Gedanken an die Frauen, die nach einer solchen Trennung allein und oft auch arm weiterlebten. Auf dem Lande wird man sie aufgefangen haben; aber in der unruhigen Großstadt? Mit vierzig, das haben wir gesehen, waren sie alt. Sie bildeten ein Mittelding zwischen Witwen und

Geschiedenen, und das lateinische Wort für Witwe, »vidua«, heißt einfach »leer«. Baukastenfamilien haben ihre Nachteile.

Wir lassen jetzt die Frage beiseite, wie du in der Subura, dem Gewerbeviertel von Rom, aufgewachsen wärest, in dem es so oft brannte, in dem baufällige Häuser einstürzten, in dem man unter die Marmor- und Holzblöcke geraten konnte, die von Baufahrzeugen fielen, oder in dem man von Sklaven mit ganzen Kochstellen auf dem Kopf umgerannt werden konnte. Mädchen hatten in der lebensgefährlichen Enge, die dort herrschte, wenig zu suchen. Aber vielleicht war das Leben in der quirligen Subura auch wieder lustiger, als die satirischen Dichter es uns glauben machen.

Nochmals: die »res publica«, der Staat

Lass uns nun noch einmal auf den Begriff zurückkommen, den wir am Anfang kennen gelernt haben: auf die »res publica«, die öffentliche Angelegenheit. Auf die Öffentlichkeit, gerade für Frauen, hatten wir ja schon in Griechenland geachtet. Außerdem hattest du noch gefragt, ob sich die Frauen denn alles gefallen ließen. Wem gehörte die Öffentlichkeit in Rom? Wer durfte dort reden, lehren, Gericht halten, Ämter bekleiden, Vormundschaften übernehmen? Wer besaß die öffentliche, die staatliche Gewalt?

Wir wissen schon, dass der Vater der Familie eine »potestas« besaß, ein Recht, über das Leben anderer zu verfügen, das weit in den privaten Bereich der Familie hineinreichte; eine Gewalt sogar über Leben und Tod. Eine Frau hatte keine »potestas«, auch nicht über ihr eigenes Kind. Das Gewaltmonopol lag bei den Männern; sie bildeten den Staat.

Dem lagen alte römische Rechtsvorstellungen zugrunde, die im Kern niemals aufgehoben, in der Kaiserzeit aber zunehmend liberal gehandhabt wurden. Sie bewirkten jedoch, dass Frauen auch in Rom kein Amt bekleiden konnten und weder öffentlich reden noch lehren durften. Frauen konnten niemanden vor Gericht vertreten oder dort die Interessen anderer oder auch nur die Vormundschaft für ihre eigenen Kinder wahrnehmen. Sie konnten zwar selbst erben, nicht aber ihr eigenes Vermögen ihren Kindern vererben. Sie waren rechtsunfähig.

Ihr eigenes Vermögen? Hatten sie denn eigenes Vermögen?

Ja, das hatten sie oder konnten es doch haben. Und damit kommen wir zu den Spielräumen, die die Frauen in dieser »res publica« hatten, zu ihrer Art von Öffentlichkeit.

Denn die römische Gesellschaft war so beweglich und so vielen Wechselfällen ausgesetzt, dass man mit bloßen Rechtsformen in ihr nicht weit kam. Mochte die Politik in Rom Domäne der Männer bleiben – die Gesellschaft wuchs zunehmend auch den Frauen zu. Denn Frauen mochten zwar rechtsunfähig sein, sie waren aber etwas anderes, beinah ebenso Wichtiges: Sie waren weitgehend geschäftsfähig. Weitgehend, das hieß: Sie mussten einen Vormund haben, jedenfalls dann, wenn Mann und Vater fehlten. Und natürlich hieß das, dass viele Frauen geduckt und abhängig blieben. Aber nicht alle! Energische Frauen erreichten bei ihren Vormündern, die oft nur der Form halber eingesetzt waren, dass sie ihre Vermögensangelegenheiten praktisch selbst führen konnten. Falls eine Frau die in den Ehegesetzen des Augustus geforderte Zahl von drei lebenden Kindern aufweisen konnte, war ihr Vormund ohnehin nur ein von ihr beauftragter Rechtsvertreter.

Das heißt, Frauen, vor allem natürlich wieder wohlhabende Frauen, konnten weitgehend über ihre persönlichen Angelegenheiten entscheiden, und wenn ihre Ansprüche bestritten oder geschmälert wurden, durften sie Anwälte mit einem Prozess beauftragen. Sie durften vor allem Schenkungen und Testamente machen und auf diese Weise doch alles weitergeben, was sie im strengen Sinne nicht vererben konnten. Sie konnten damit ganze Familienstrategien durcheinander wirbeln. Stell dir vor, dass zum Beispiel eine reiche Frau einem jungen Mann große Schenkungen zusagte unter der Voraussetzung, dass er aus der »potestas« seines Vaters entlassen wurde (denn das gab es) und möglicherweise eine bestimmte Heirat einging. Und für ein Vermögen, das seinem Sohn – oder hier auch seiner Tochter – zuwuchs, tat ein römischer Vater fast alles. So könnte man sagen, dass Frauen in der politischen Öffentlichkeit nicht existierten, in der gesellschaftlichen aber allgegenwärtig waren.

Waren sie das denn? Und was war nun wichtiger: Politik oder Gesellschaft?

Darüber kann man streiten. Es gibt eben verschiedene Formen von Öffentlichkeit. Auch die kultische Öffentlichkeit, die wir von den Griechinnen kennen, gab es in Rom; aber sie rührte dort nirgends an einen politischen Nerv. Und zu deiner ersten Frage: Frauen waren in Rom fast überall zugegen, wo es sich lohnte.

Zum Beispiel?

Sie waren zum Beispiel im Theater zugegen. Dort saßen sie zwar nicht neben ihren Männern, sondern zusammen mit den anderen Frauen auf den oberen Rängen. Aber sie waren jedenfalls da und das gleiche gilt für andere öffentliche Anlässe. Das Gedränge der Sänften vor einer Vorstellung wird man sich nicht viel anders vorstellen dürfen als das der Autos unserer Tage.

Auch bei Gerichtsverhandlungen konnten sie zugegen sein und brauchten aus ihrer Parteinahme kein Hehl zu machen. Freilich saßen sie wieder oben auf der Galerie. Und es gab Staatsanlässe, bei denen Frauen und Mädchen zugegen waren; meist aber, indem sie eine eigene Rolle im Ritual spielten. Im Ganzen traten römische Frauen in der Öffentlichkeit selbstständiger und selbstverständlicher auf als griechische. Aber auch für sie galt ein strenger Rahmen. Angemessene Kleidung und sittsames Verhalten sollten jedes Missverständnis ausschließen; ohne Begleitung war an ein richtiges Ausgehen nicht zu denken. Weitere Wege, etwa zu ländlichen Kultfesten, wurden im geschlossenen Wagen zurückgelegt.

Aber noch ein Wort zu den Sänften: Da den Frauen das stattliche Einherschreiten der Männer, die sich mit einem Gefolge von Klienten und Sklaven einen Weg von den Hügeln hinunter zum Forum bahnten und dabei überaus prächtig aussahen – da den Frauen dieses Auftreten nun einmal versagt war, waren allenthalben ihre Sänften zu sehen. Sie wurden von kräftigen Sklaven mit Nachdruck und ohne viel Rücksicht durch die engen Gassen der Subura gestemmt, die bei allen Wegen von einem Hügel zum anderen durchquert werden musste, und im Laufschritt zu den Zielorten befördert. Wo der Weg es erlaubte, liefen wohl auch Verehrer der Insassin neben der Sänfte her und suchten einen Blick durch die Vorhänge zu erhaschen. Die römische Gesellschaft wusste genau darüber Bescheid, wer wann und wo einen solchen Blick oder auch mehr erhascht hatte. Und ich rufe dir ins Gedächtnis, dass römische Matronen oft nicht älter als fünfzehn Jahre waren. Nun, wärest du gern in Rom ein Mädchen gewesen?

Das käme sehr auf die Umstände an. Denn eine Sache habe ich jetzt begriffen.

Und das wäre?

Wenn man wissen will, wie es in einem Land den Mädchen ging, dann muss man erst fragen, wie es dort überhaupt zuging. In der Politik, der Religion, der Gesellschaft und so. Erst dann kann man etwas über die Mädchen sagen.

Gut! Behalt das im Kopf, wenn wir weitererzählen.

71

Das Christentum:
Eine Brücke nach Europa

Wie hältst du's mit der Religion?

Eine Brücke? Aber du hast mich doch gefragt, wo, in welchem Land, ich gern ein Mädchen gewesen wäre! Auf einer Brücke bestimmt nicht!
Nein, natürlich nicht auf einer Brücke. Das ist ja nur ein Bild. Denn wenn wir einfach vom alten Rom aus in die nächste große Station unseres Weges, ins europäische Mittelalter, springen würden, dann würdest du gar nichts verstehen. Zwischen diesen beiden Stationen hat sich die Welt nämlich gewaltig verändert.
Einer der wichtigsten Gründe dafür ist, dass inzwischen eine neue Religion, das Christentum, entstanden war und einen Siegeszug angetreten hatte. Das Christentum ist wirklich eine Brücke zwischen der Antike und unserem Europa, und weil einer ihrer ersten Pfeiler fest im alten Rom steht, können wir sie ohne weiteres betreten.
Wie hielten es die römischen Frauen mit der Religion? Zunächst mit ihrer eigenen? Sie hatten, ähnlich wie die griechischen, einen bestimmten Anteil an den religiösen Kulten, das haben wir ja eben gehört. Es gab auch in Rom eigene Kulte für weibliche Gottheiten, bei deren Festen und in deren Dienst sich Frauen trafen. Am weitesten reichte der Kult der Göttin Vesta, der Hüterin des heimischen, des römischen Herdfeuers, in das römische Selbstverständnis hinein. Die Priesterinnen der Vesta, die Vestalinnen, wurden schon als kleine Mädchen für diesen Dienst ausgesucht und beendeten ihn mit vierzig Jahren. Für eine Vestalin galt das strikte Keuschheitsgebot; das

heißt, sie durfte nicht nur nicht heiraten, sondern musste auch auf jedes Liebesabenteuer verzichten. Wenn sie ihr Gelübde brach, erwartete sie bis in die Kaiserzeit hinein die Todesstrafe, die auf barbarische Art vollstreckt wurde.

Die Oberpriesterin der Vesta war die einzige Frau in Rom, der von Amts wegen eine kultische Rolle auch in der politischen Öffentlichkeit zukam. Denn die Reinhaltung des Herdfeuers galt als heiliger Bestandteil der römischen Religion, und diese »religio«, die Rückbindung an die Schutzgottheiten des Hauses, wurzelte so fest in altrömischen Vorstellungen, dass keine Wechselfälle in den Verbindungen der Angehörigen eines Hauses sie zum Erliegen bringen konnte.

Der Dienst anderer Gottheiten wurde leichter genommen. Wir hören von eifersüchtigen Liebhabern, die ihre Geliebte im Verdacht haben, nur zum Schein zu einem Feste der Göttin Juno gefahren zu sein, in Wirklichkeit aber zu einem Treffen mit einem Nebenbuhler. Die Tempel der Isis, einer kleinasiatischen Göttin, die früh in Rom Einlass gefunden hatte, aber auch der Venus, die als Stammmutter des julisch-claudischen Herrscherhauses galt, waren beliebte Zielorte weiblicher Unternehmungen. Trieb ein religiöses Bedürfnis die Frauen dorthin oder die von dem Dichter Ovid vermutete Gelegenheit, sich dort von Verehrern ansprechen zu lassen? Im Ganzen scheint es, als seien die religiösen Kulte nicht allzu tief im Bewusstsein der Römerinnen verankert gewesen. Haben sie deren Bedürfnissen dennoch genügt?

Vielen Frauen – und Mädchen – haben sie sicherlich genügt. Ein freundliches Zusammenleben mit Gleichgestellten, dichte Abschottung gegen solche, die es nicht waren, Respekt vor überlieferten Werten und eine enge Bindung an Familie und Haus – das genügt ja auch heute vielen.

Außerdem gab es in Rom kein religiöses Gebot, das über die Achtung von Familie und Staat hinaus ein schlechtes Gewissen hätte machen können. Dass Arme arm waren, dass Sklaven nur

73

Sachwerte waren, verstand sich von selbst. Aber genügte das allen Frauen?

Nein, es genügte nicht allen. Immer mehr von ihnen kamen zu den Kultstätten seltsamer, exotischer Gottheiten aus Kleinasien. So sah die Göttin Kybele rauschhafte, umnebelte Kultfeste; aber auch unauffällige Kulte gab es. Sie wurden häufig in Privathäusern abgehalten und nicht zu allen waren Frauen zugelassen.

Wieder andere Kultgemeinden siedelten sich bescheiden am Stadtrand an, wo sie von durchreisenden Kaufleuten und von Soldaten als Stätten ihrer heimatlichen Religion besucht wurden. Von ihnen hatten zum Beispiel die jüdischen Gemeinden etwas, das man im klassischen Rom und auch in Griechenland so nicht kannte: Es gab nur *einen* Gott, der Jahwe hieß, und zu ihm beteten Männer und Frauen gemeinsam. Freilich gab es für Frauen dabei Einschränkungen: Sie durften die Gebete nicht laut mitsprechen und wurden bei den Gemeindeversammlungen nicht als anwesend gezählt, durften nur ganz einfache Hilfsdienste verrichten, und wenn sie ihre Monatsregel hatten, durften sie das Bethaus nicht betreten. Dafür waren aber Männer und Frauen in ein und derselben Gemeinde zusammen und das war etwas Neues.

Inzwischen war man in Rom nämlich der alten Götter mit ihren Kulten ein bisschen überdrüssig geworden. Neuerdings gehörten auch die Kaiser zu diesen Göttern – nun gut, der Kaiserkult war eine Staatsreligion und symbolisierte die »Pax Romana«, den Frieden im gewaltig gewachsenen Imperium; den ließ man sich gefallen. Aber sonst? Da hielt man sich lieber an die zahlreichen Philosophen, die nun, da der Frieden gesichert war, über eine sinnvolle Anwendung des großen humanen Vermächtnisses nachdachten, das aus der griechisch-hellenistischen Welt floss. Allmählich kam doch so etwas wie ein schlechtes Gewissen auf, weil man einfach so dahinlebte. Wenn man schon reich war, dann wollte man doch ein überlegtes, ein sinnvolles oder sogar ein nützliches Leben führen. Für diese Denkweise steht etwa der Philosoph Seneca.

So kam es, dass immer mehr Römerinnen den Weg zu einer neuen Religion fanden. Sie war auch jüdischer Herkunft, aber ihr erstes Gebot war nicht die Einhaltung des Gesetzes, sondern das der Liebe gegenüber dem Nächsten, und sei er Sklave. Und sei er Sklave!

Anfangs waren es einfache Frauen, die zu den Gottesdiensten dieser Christen, wie sie sich nach ihrem Begründer nannten, gingen. Dienerinnen, arme Frauen. Sie hörten dort von der Hoffnung auf Erlösung – und man kann es ihnen nicht verdenken, dass sie das auch als Erlösung aus ihrem armseligen Dasein verstanden. Es gab kaum Rituale dort, nur eine Taufe und ein gemeinsames Abendmahl mit Brot und Wein, das dieser Jesus Christus zu seinem Gedächtnis eingesetzt hatte.

Du kannst dir vorstellen, wie die vornehmeren Frauen den Kopf geschüttelt haben mögen, wenn ihre Dienerinnen ihnen von diesen Gottesdiensten erzählten. Falls sie es wagten. Denn sehr bald kamen die römischen Behörden dahinter, dass diese Christen zwar dem Kaiser gaben, was des Kaisers war, aber kein Jota mehr, dass sie ihn nicht als Gott anerkannten. Denn sie glaubten an nur einen einzigen Gott wie die Juden, nur dass er etwas kompliziert »dreieinig« war. Aber das kümmerte vorläufig die einfachen Leute nicht. Der Gottessohn Jesus, der diese frohe Botschaft verkündet hatte, war ihnen als Mittler zwischen Gott und den Menschen hochwillkommen; durch ihn wurde alles verständlich und überzeugend. Und über den Heiligen Geist konnte man ja klügere Leute nachdenken lassen.

Die neue Religion ergriff die Menschen in einer Tiefe, wie man sie in Rom lange nicht mehr gekannt hatte, und die Christen waren bereit, für ihren Glauben zu sterben. Die Kaiser ließen ihn verbieten und seine Anhänger den wilden Tieren in der Arena vorwerfen. Doch die Christen starben standhaft und bald waren es nicht mehr nur arme Leute – bald starben bei den Frauen Herrin und Dienerin zusammen. Dazu will ich dir eine Geschichte erzählen. Sie spielt im Jahre 203 (jetzt immer nach Christi Geburt) zur Zeit der Christenverfolgungen unter dem Kaiser Septimius Severus. Mit dieser Geschichte, Rebekka, sind wir übrigens schon ein ganzes Stück weit auf unserer Brücke gegangen. Wir können ja so tun, als sähen wir sie von oben her.

Also: Vibia Perpetua war eine Römerin aus Karthago in der Provinz Africa, zweiundzwanzig Jahre alt, und eben erst zum – verbotenen – Christentum bekehrt. Sie hatte einen ganz kleinen Sohn, den sie noch stillte. An ihrer Seite stand ihre treue Magd Felicitas, die mit ihr zusammen getauft worden war. Man wollte die beiden Frauen zum Widerruf zwingen, Perpetua weigerte sich jedoch, und als ihr Vater selbst sie im Gefängnis dazu drängte, zeigte sie auf einen Krug, der dort stand, und fragte, ob man dieses Gefäß wohl anders nennen könne als einen Krug. Der Vater verneinte, vermutlich etwas unwillig, aber Perpetua sagte: »Ebenso ist es bei mir. Kann ich mich als etwas anderes bezeichnen denn als das, was ich bin, als eine Christin?« – Perpetua und Felicitas starben den Märtyrertod durch die wilden Tiere in der Arena von Karthago.

Gar nicht weit von der Stelle, wo wir uns am Anfang hingesetzt haben. Ich meine, wo wir gespielt haben, dass wir sitzen.

Ganz genau. Aber von Perpetua ist noch etwas Wissenswertes zu erzählen: Der Bericht über ihre Bekehrung, ihre Verurteilung, ihre Haft und über die Tage vor ihrem Tod stammt von ihr selbst; er ist fast das einzige selbstverfasste schriftliche Zeugnis einer Frau aus der Antike.

Schließlich stellten die Kaiser die Verfolgung der Christen ein. Inzwischen gab es im ganzen Reich keinen gescheiten Menschen mehr, der nicht über die Feinheiten von Geist und Gnade, von Göttlichem und Menschlichem, von Ewigkeit und Verworfenheit und nicht zuletzt von Gott Vater, Sohn und Heiligem Geist nachdachte. Im Jahre 313 erließ Kaiser Konstantin, dessen Mutter bereits Christin war, ein Toleranzedikt, das dem Christentum eine freie und schon bevorzugte Religionsausübung sicherte. Damals erst wurde übrigens auf einem großen Konzil die Dreieinigkeit als Glaubenslehre festgelegt. Gegen Ende des vierten Jahrhunderts dann wurde das Christentum zur Staatsreligion; es war inzwischen eine viel bessere Klammer für die Einheit des Reichs als der Kaiserkult. Aber du wolltest etwas sagen.

Ja! Die Geschichte von dieser Perpetua ist ja ziemlich eindrucksvoll, Was wurde denn aus ihrem kleinen Sohn?

Den hat sie nach ihrer Verurteilung ihrem Bruder anvertraut.

Na, wenigstens das durfte sie. Und bei den klugen Leuten, die über das alles nachdachten, gab es da auch Frauen?

Dazu erzähle ich dir gleich noch eine Geschichte, eine sehr andere, aber auch wieder eine schlimme: Die klugen Gedanken wurden inzwischen auch von Frauen gedacht. Es scheint in der späteren Kaiserzeit allgemein eine freiere Einstellung in Bildungsfragen gegeben zu haben, und wir wissen mindestens von *einer* Frau, die Philosophie sogar lehrte. Aber das war im ägyptischen Alexandria, einer Stadt, die man heute »multikulturell« nennen würde. Wir wissen über diese Hypatia, wie sie hieß, nur deshalb etwas, weil sie ein schreckliches Ende fand. Sie war keine Christin, sondern eine wissenschaftlich gebildete Frau aus der alten griechischen Kulturwelt, und sie wurde von fanatischen alexandrinischen Christen auf grausame Weise ermordet. Das konnte es auch geben.

Diese Leute wollten nicht, dass eine »modern« lebende Frau öffentlich lehrte und so könnte man Hypatia als Märtyrerin der Frauensache gegen die Christen ausspielen. Aber das wäre ungerecht, denn Alexandria war nicht die damalige Christenheit. Dennoch gibt der Vorfall zu denken. Das merkst du auch, wenn du die nächste Überschrift hörst.

»In der Gemeindeversammlung sollen die Frauen schweigen«

Für die Stellung der Frauen im Christentum ist ein Name von größter Bedeutung, den du vielleicht kennst, und das ist der des Apostels Paulus.

Kenn ich.

Paulus war der wichtigste Mann in den ersten Jahrzehnten des Christentums; wir müssen uns auf unserer Brücke noch einmal umdrehen und bis zum ersten Pfeiler zurücksehen, damit wir das erkennen können. Denn Paulus war es, der die frühen christlichen Gemeinden in Griechenland, Kleinasien und Rom aufbaute, und zwar bald nach dem Tode Jesu, das heißt um die Mitte des ersten Jahrhunderts. Und er war in einer schwierigen Lage: Gerade eben noch hatte Jesus in Palästina einen großen Teil der jüdischen Tabus einfach durchbrochen. Was die Frauen betraf: Er hatte sich mit ihnen unterhalten wie mit den Männern; er hatte sie in seine Nähe gezogen und zu Zeuginnen seines Lebens gemacht, und das, obwohl die Schriftgelehrten den jüdischen Männern empfahlen, so wenig wie möglich mit Frauen zu reden, weil das reine Zeitverschwendung sei. Aber Jesus hatte seine Zeit eben auf diese Weise »verschwendet« und jeder in den jungen Gemeinden wusste das.

Paulus geriet in eine Zerreißprobe zwischen dem Evangelium, das er verkündete, und dem Alltag in den Gemeinden. Eine Gleichstellung der Frauen wäre einer Revolution gleichgekommen, die die Gemeinden gesprengt hätte. Dabei erfuhr er selbst viel Hilfe von Frauen, die sich der neuen Lehre von Anfang an bereitwillig aufschlossen. Von der Purpurhändlerin Lyde in Philippi haben wir schon gehört, sie öffnete ihm ihr Haus; andere arbeiteten in den Gemeinden als Diakoninnen, und ein aus Rom vertriebenes Ehepaar, Aquila und Prisca, teilte sich sogar die Arbeit von Verkündigung und Lehre. Vor allem auf diese Prisca beriefen sich die Frauen immer wieder. Paulus musste sich entscheiden.

Er entschied sich für die herrschende Sitte und das Alte Testament und legte bündig fest: »Die Frauen sollen in der Gemeindeversammlung schweigen.« Er verbot ihnen auch die Lehre in der Öffentlichkeit und kirchliche Ämter. Nur das der Diakonin, der Helferin in der Gemeinde, sollte sich im Osten des Reiches eine Zeit lang halten.

Damit waren die Frauen auch im Christentum dort angelangt, wo sie die jüdische Sitte, die griechische Lebensform und das römische Recht seit jeher gesehen und gehalten hatten: im Hause, im privaten Bereich. Dort, so sagte Paulus ausdrücklich, durften und sollten sie sich mit den Männern besprechen und beraten, und wir dürfen annehmen, dass mancher kluge Rat von solchen Besprechungen ausging und in die Gemeinden hineinwirkte.

Aber, um deine Frage aufzunehmen: Die großen Gedanken wurden auch im Christentum von den Männern gedacht. Und so war es denn eine sehr männliche Kirche, die sich da in Verkündigung, Lehre, Recht und Verwaltung ausformte. Vielleicht hat Paulus das nicht gewollt; der Mord an Hypatia hätte ihn entsetzt. Sicher aber konnte er nicht voraussehen, dass aus den schlichten Anfängen, in denen man noch die baldige Wiederkunft Christi und das Jüngste Gericht erwartete, eine so mächtige, weltumspannende Amtskirche erwachsen würde, wie sie dann von Rom aus aufgebaut wurde. Eine Amtskirche übrigens, die dann auch Lateinisch sprach. Während der ersten Jahrhunderte war das Griechische die erste Sprache der Christen gewesen.

Aber haben sich die Männer dann überhaupt nicht mehr um die Frauen gekümmert?

O doch, das haben sie. Zunächst um die Witwen in den Gemeinden. Je nachdem, ob sie reich oder arm waren, hat man sie zum Helfen herangezogen oder ihnen selbst geholfen. Eine Solidarität dieser Art war in der römischen Gesellschaft nicht üblich gewesen, und es war gar nicht leicht, gerade den Reicheren unter den neu Bekehrten klarzumachen, dass Hilfe innerhalb der Gemeinden zum Christentum gehörte. Die ersten Bischöfe von Rom hatten es nicht leicht. Die jungen Mädchen, die jungen Christinnen, übrigens auch nicht; denn anfangs überwogen die Taufen von Frauen die von Männern und es gab ständig Partnerschaftsprobleme.

Und es gibt da auf einmal etwas Seltsames: Wir hören von Strafen auch für Frauen im Jenseits, von richtigen Höllenstrafen. Strafen wofür, wenn sie doch gar keine Rechte hatten, etwas zu tun? Eben für die Verletzung des Liebesgebots. Für Härte gegen Arme und Verlassene, für Habgier, für unterlassene Hilfe in der Gemeinde. Auch das ist etwas Neues.

Aber ist das denn gerecht? Keine gleichen Rechte, aber gleiche Pflichten und Strafen?

Wenn man es von der Erfüllung des Liebesgebots her sieht, sind die Rechte ohne Interesse; da geht es nur um die Pflichten und die waren für Männer und Frauen gleich. Bei der Nächstenliebe spielte auch der viel zitierte biologische Unterschied keine Rolle. Ich kann mir schon denken, dass das manchen in Rom nachdenklich gemacht hat.

Aber es gab noch andere Probleme, und zwar solche, die die Mädchen direkt angingen: Das Christentum wandte sich ebenfalls von Anfang an, darin der jüdischen Sitte und Tradition folgend, gegen Scheidungen, Partnerwechsel, Ehebruch und – Kindesaussetzung. Wir haben schon gesehen, dass man in Rom eher ungute Vermutungen über den Anteil ausgesetzter Mädchen haben kann – und jetzt, siehe da: Auf einmal gibt es viel mehr Mädchen als vorher. Und nicht nur das: Viele von ihnen weigern sich, um jeden Preis zu heiraten und ihrem Vater bedingungslos zu folgen. Sie nehmen ihr Leben in die eigene Hand, indem sie beschließen, unvermählt zu bleiben und Gott zu dienen.

Mehr nicht? Das ist doch kein eigenes Leben!

O doch, das kann es sehr wohl sein und für damalige Verhältnisse war es unerhört. Aber damit fängt das Problem erst an: Wohin mit diesen Jungfrauen, wie man sie nannte? Nicht jeder römische Vater hatte Lust, eine unverheiratete Tochter auf Dauer im Elternhaus zu behalten, und nun taucht eine Frage auf, der wir noch öfters begegnen werden: Wer versorgt Mädchen und Frauen, die nicht für ihren Lebensunterhalt arbeiten dürfen und dennoch nicht heiraten wollen, oder doch nicht um jeden Preis?

Die junge Kirche fand einen Ausweg: Diese Frauen sammelten sich in eigenen Häusern und führten dort ein gemeinschaftliches Leben. Solche Häuser nannte man später »Klöster« nach dem lateinischen Wort für »einschließen«; es gab sie auch für Männer, die sich aus der Welt zurückziehen wollten.

Aber woher nahm nun die Kirche das Geld, um diese Klöster zu unterhalten? Dreimal darfst du raten. Ja, wirklich, es waren ganz überwiegend Frauen, die dabei halfen. Wir kennen ganze Generationsfolgen von Großmüttern, Müttern und Töchtern – eine seltsame Parallele zu der männlichen Generationsfolge im Staatsdienst –, die den neuen Glauben mit großem Eifer unterstützten. Jetzt zahlte es sich aus, dass römische Frauen wirtschaftlich unabhängig sein konnten. Reiche Witwen im ganzen Reich machten riesige Schenkungen an die Kirche; sie stifteten große Vermögen auch zur Gründung und Unterhaltung von Klöstern, in denen sie selbst und ihre Töchter dann lebten und in denen ganze Frauengruppen weitgespannte Kontakte unterhielten. In einem solchen Kloster konnte es interessanter sein als in manchen Ehen.

Einige dieser Klöster standen sogar in Jerusalem, das ja nun gewiss ein Stück von Rom entfernt war. Die Reisen dieser Frauen, die zu Schiff, im Wagen, in der Sänfte und streckenweise auch mit dem Pilgerstab zu Fuß erfolgten, führten durch Arabien und die Länder des Nahen Ostens, in denen heilige Mönche und Eremiten besucht und ebenfalls beschenkt wurden. Solche Witwen griffen dabei auch tatkräftig in Streitigkeiten innerhalb der Kirche ein. Schließlich waren sie ja trotz aller Beschränkungen doch Gemeindemitglieder! Und wirklich hatten sich gerade die Frauen in der Verfolgungszeit solche Möglichkeiten verdient: Wir haben von großen Kirchenvätern das Zeugnis, dass ihre Mütter und Großmütter ihnen leuchtende Vorbilder an Mut und Standhaftigkeit gewesen seien. Häufig waren dabei, wie bei Perpetua, die Väter und andere Verwandte noch heidnisch, so dass die Spaltungen mitten durch die Familien gingen.

Weniger gern sahen die Männer allerdings den Einfluss, den hoch gestellte Frauen auf die Besetzung der Priesterstellen und Kirchenämter nahmen, oder auch die Einmischung in kirchenpolitische Fragen, wie sie bis hinauf ins Kaiserhaus betrieben wurde –

Na, das hatten sie davon, dass sie die Frauen nicht richtig mitmachen ließen! Geschah ihnen recht! Aber wahrscheinlich ist das alles mal wieder schwieriger, als ich so denke.

Ich fürchte, ja, und ich hätte das alles kürzer gehalten, wenn wir es nicht noch brauchen würden. Du hast ja noch im Kopf, dass die Lage der Mädchen immer auch auf dem Hintergrund der Gesellschaft gesehen werden muss, in der sie leben; und hier, im frühen Christentum, vollziehen sich viele Weichenstellungen, die bis in unsere Zeit hinein gewirkt haben. – Aber wir sind auf unserer Brücke wieder ein mächtiges Stück vorangekommen. Sieh dich noch einmal um, jetzt kommen die letzten Bilder aus Rom.

Na, dann –

Jetzt wissen wir also, wie die Klöster zu ihrem Besitz kamen. Und wie kamen sie zu ihren Äbtissinnen? Da gibt es hübsche Geschichten von Brüdern und Schwestern: Zum Beispiel hat der Bischof Cäsarius von Arles im sechsten Jahrhundert seiner Schwester die erste Regel für ein Frauenkloster geschrieben, weil sie ihm in christlichem Eifer nicht nachstehen wollte und ein eigenes Kloster gründete. Das war grundlegend. So kam die Kirche auch zu dem, was wir heute eine dichte Vernetzung im ganzen Reich nennen würden.

Übrigens hat sie sich dabei immer auch daran erinnert, wie Jesus mit der Sünderin Maria Magdalena umgegangen war. Längst nicht alle Klosterfrauen waren Jungfrauen; viele von ihnen klopften erst nach abenteuerlichen Lebenswegen an die Klosterpforte. Und alle, die es ernst meinten, waren willkommen, Jungfrau oder Sünderin. Die Kirche war ein getreuer Spiegel der Welt.

So, und jetzt sag mir, wo Arles liegt.

Arles? Warte mal. Doch: in Südfrankreich. In der Provence. Wir waren mal da.

Sehr gut. Damals war das Gallien. Und nun, Rebekka, darfst du einen Abschiedsgruß ans Mittelmeer winken. Unsere Brücke biegt sich nach Norden und beginnt sich zu senken, wir nähern uns dem europäischen Mittelalter. Aber auf diesem letzten Brückenstück will ich dir noch ein Mädchen zeigen, das zu einer ganz und gar unfreiwilligen Wanderung in Glaubensfragen kam:

Um 500 nach Christi Geburt schickte sich nördlich der Alpen der Frankenkönig Chlodwig an, einige germanische Stämme dem Frankenreich zu unterwerfen. Sein Heer drang weit nach Osten, bis nach Thüringen, vor und besiegte die thüringischen Könige in einer blutigen Schlacht an der Unstrut. Aus der brennenden Burg eines dieser Könige rettete Chlodwigs Sohn Chlotar ein Kind, ein kleines Mädchen, kaum älter als zehn Jahre. Er nahm es mit, als seine Beute.

Die Kleine überstand den Ritt ins Frankenreich und wuchs dort an einem der merowingischen Höfe auf. Natürlich wurde sie getauft, denn Chlodwig war Christ geworden, und die Ausdehnung seiner Macht bedeutete zugleich die Ausbreitung des Christentums in West- und Mitteleuropa. Die kleine thüringische Radegunde erfuhr auch sonst eine gute Bildung, und als sie herangewachsen war, fand Chlotar, der inzwischen auf ei-

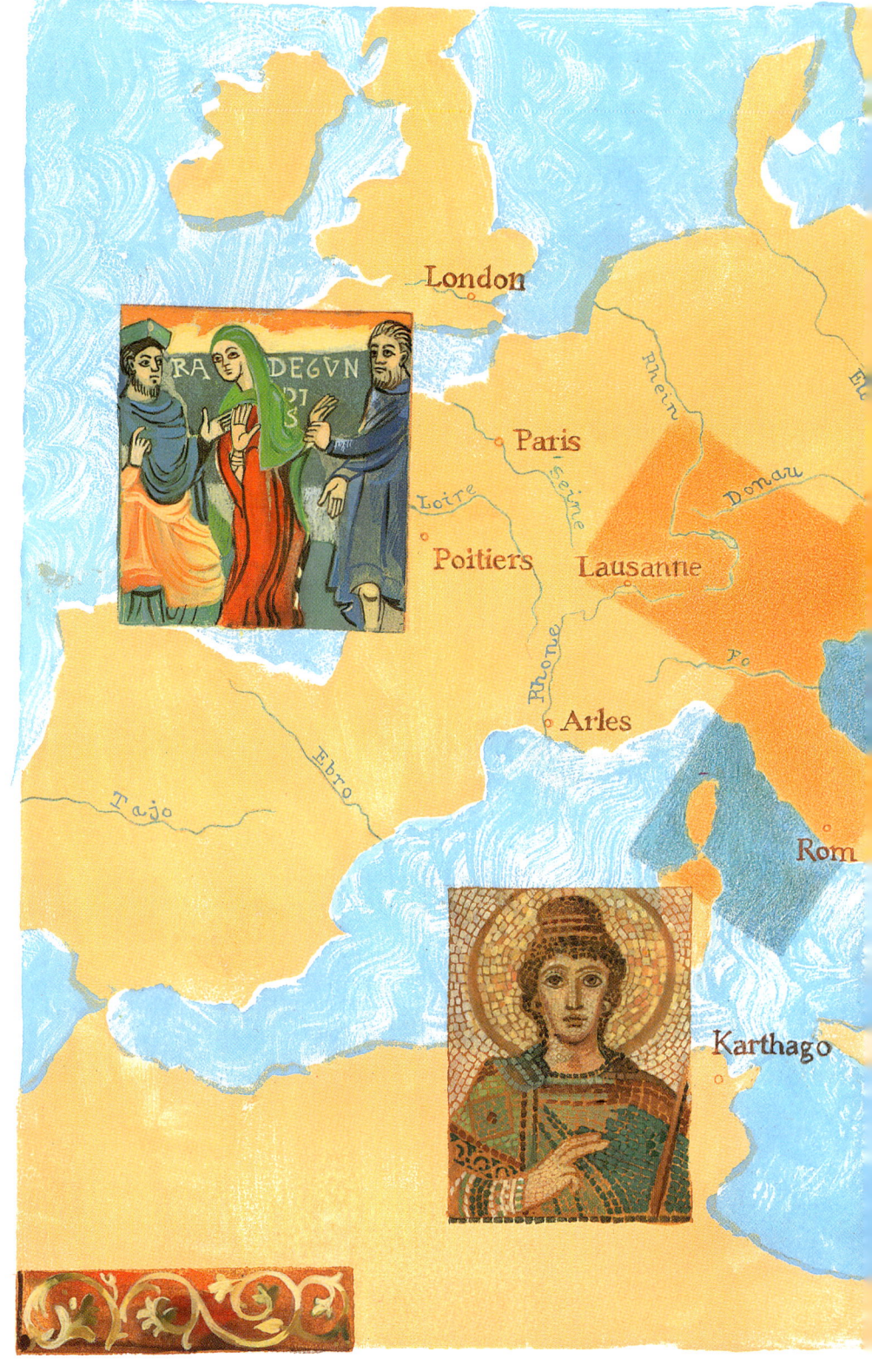

London

Rhein

Elb

Paris

Seine

Donau

Loire

Poitiers

Lausanne

Rhone

Po

Arles

Ebro

Tajo

Rom

Karthago

Weichsel

Donau

Konstantinopel

Athen

Jerusalem

Alexandria

nem der Throne seines Vaters saß, er könne sie doch gut zu seiner Gemahlin machen. Er tat es, aber nach zehnjähriger Ehe bestand Radegunde auf der Trennung; das Leben an den merowingischen Königshöfen war ihr zu wüst. Sie gründete in Poitiers ein Kloster, in dem sie ihr Leben verbrachte – ein Leben, für das sie heilig gesprochen wurde.

Sie hat sich übrigens ausdrücklich zur Diakonin weihen lassen, obwohl es dieses geistliche Amt für Frauen im Westen, wo man große Angst vor ketzerischen Frauenbewegungen hatte, eigentlich nicht geben durfte. – Das ist die heilige Radegunde von Poitiers. Gleich ihr dürften in diesen wilden, dunklen Jahrhunderten zwischen Antike und Mittelalter, den Jahrhunderten der Völkerwanderung, viele kleine Mädchen geraubt und verschleppt worden sein; als Königin hat sich kaum eine wiedergefunden. Eher standen sie inmitten der Wagenburg, der letzten Verteidigungsbastion eines Volkes nach einer verlorenen Schlacht auf einem Wanderungszug. Das Ende waren fast immer Tod oder Sklaverei. Da will das Schicksal des kleinen Wikingermädchens in dem von Männern verlassenen Dorf an der norwegischen Küste, von dem wir am Anfang sprachen, fast als glimpflich erscheinen.

Es ist eine farbige und spannende Zeit, diese Jahrhunderte der Völkerwanderung, in denen die Antike unterging, und in denen ihre Kultur, ihre christlich-lateinische Kultur, auf ebenso vielen frommen wie gewalttätigen Wegen in unser heutiges Europa gelangte. Aber eine gute Zeit für Mädchen war sie wohl nicht. – Lass uns nun die Brücke zu Ende gehen und von ihr heruntersteigen. Jetzt sind wir in unserem Europa, in seinem Mittelalter.

Und?!

Was und?

Du hast das Wichtigste vergessen! Wo sind wir denn jetzt? Bei dem Riesen Atlas da in Afrika ja schon eine Weile nicht mehr. Und auf der Brücke können wir auch nicht bleiben!

Du hast Recht! Das hatte ich glatt vergessen. Ja, und nun? Wir bräuchten einen Platz, an dem wir wieder mittendrin sind und doch Abstand haben und uns umsehen können.

Ich weiß einen!

Du bist ja gut. Und wo ist er?

Es ist mein alter Spielplatz. In Lausanne. Unten am See. Da steht auch eine gute Bank.

Lausanne am Genfer See?! Das ist gar kein schlechter Gedanke. Los, Rebekka!

Au ja! Als ich noch klein war, hätte ich gesagt: Z'samme parti!

Das Mittelalter: Gescheites Mädchen sucht klugen Jungen – aber wo ist er?

Gretel, Kathreinerle, Bärbel und Else

Warum heißt das Mittelalter eigentlich »Mittelalter«?
Es hat seinen Namen daher, dass gelehrte Humanisten aus der Zeit um 1500 und spätere Philosophen es als finstere und halb barbarische Zwischenzeit zwischen der klaren, glänzenden Antike und ihrer eigenen Aufbruchszeit betrachteten, in der sie auf eine Wiederbelebung, eine Wiedergeburt des klassischen Geistes hofften. Das französische Wort für »Wiedergeburt« ist »Renaissance«, so nennt man die Zeit der Humanisten deshalb auch.
Ach so. Dann hielt man das Mittelalter also für eine Art Mittelstück zwischen früher und jetzt.
Genau so. Aber wir sehen das Mittelalter heute etwas freundlicher, weil wir wissen, dass die klassische Antike ihren Geist nicht ganz von ungefähr aufgab und dass auch die gebildetsten Humanisten die Kirche des Mittelalters, aus deren Zwängen sie zu entkommen suchten, nicht ohne weiteres beiseite lassen konnten.
Wir haben uns ja eben über die Gründe unterhalten, die dem Christentum zu seinem Siegeszug im Römischen Reich verholfen haben. Es strömte gewissermaßen in ein vorgegrabenes, auffangbereites, sehr breites Flussbett ein und veränderte im Weiterfließen alles, was bis dahin gegolten hatte. Zum Beispiel veränderte es die lateinische Sprache: Sie war klar und knapp gewesen; jetzt wurde sie ausladend und umständlich. Doch der größte Kirchenvater der ausgehenden Antike, Augustinus, der

die geistigen Grundlagen des Mittelalters legte, schrieb ein weiches, ein warmes Latein, und es sollte den Ton für das Mittelalter vorgeben. Aber auch nur den Ton; denn die Qualität des mittelalterlichen Lateins lag meist weit unter dem der Antike. – Auf Augustinus kommen wir noch einmal; denn er hatte auch zu den Mädchen und Frauen etwas zu sagen.

Apropos Qualität: Findest du nicht, dass wir hier – ich meine, in unserem Spiel – mindestens ebenso gut sitzen wie bei dem Atlasriesen in seinem heißen Land?

Gerade wollte ich es sagen! Das war eine sehr gute Idee von dir. Es ist schön hier unten am Genfer See, im alten, im mittelalterlichen Königreich Burgund, und wir sind mittendrin in Europa. Aber jetzt wollen wir uns als Erstes ansehen, wo und wie die Mädchen des Mittelalters lebten. Wenn du in die Innenstadt eures Ortes kommst, dann wirst du dort Namen finden, die eigentlich nicht recht zu den modernen Gebäuden passen, die dort stehen. Da gibt es eine Klostergasse oder eine Barfüßerstraße, einen Jungfernstieg oder einen Papendiek. Weißt du, woher diese Namen kommen?

Ja, das hat mir mal jemand erklärt. »Barfüßer«, das waren Mönche, die barfuß gingen – na, Sandalen werden sie ja hoffentlich gehabt haben! Papen, das waren Pfaffen.

Gut. Ja, diese Namen zeigen an, dass hier vor langer Zeit, eben im Mittelalter, ein Kloster stand, dass dort die barfüßigen Bettelmönche des Franziskanerordens – in Sandalen! – wandelten, dass nicht weit davon die geistlichen Jungfern, die Nonnen, zu ihrem Kloster hinaufstiegen und dass ganze Straßen von Papen, Pfaffen, Geistlichen, bewohnt wurden. Oft steht auch heute noch ein Gebäude dort, das einen Zusammenhang mit den Straßennamen erkennen lässt; aber drumherum hat sich die moderne Welt eingerichtet.

Aber in der Innenstadt stehen noch viele alte Häuser, am Fischmarkt und beim Rathaus. Fachwerkhäuser. Ich finde sie sehr schön mit ihren dunklen Balken in den hellen Mauern und mit den – na, Giebeln und den vorspringenden Balkons. Manche haben auch bunte Schnitzereien und alte Sprüche an den Balken. Wir haben uns das in Geschichte mal angesehen. Und weißt du, in so einem Haus kann ich mir Mädchen gut vorstellen, viel besser als auf griechischen Sesseln und römischen Marmorbänken.

Ich mir auch. Diese Häuser gehen alle auf mittelalterliche Vorgänger zurück; manche von ihnen haben sich sogar vollständig erhalten und lassen noch die mittelalterliche Raumaufteilung erkennen. Die meisten sind, jedenfalls in Deutschland, nach dem Zweiten Weltkrieg neu aufgebaut worden, und alle hat man einmal restauriert; sonst stünden sie nicht mehr. Aber sie gehören in ihrer äußeren Form erst ins späte Mittelalter. Für wirklich altes Gemäuer müsstest du dich an Burgen, Dome, Abteien und Pfalzen halten. In denen aber kann man sich Mädchen nicht so gut vorstellen, obwohl es sie natürlich auch dort gegeben hat: die Töchter von Burgherren und Pfalzgrafen und ihre Mägde, vor allem aber die blutjungen Nonnen.

Besser kann man sie sich wirklich in den Bürgerhäusern der Städte und auch in alten Bauernhäusern vorstellen, da hast du Recht. Die passen sogar sehr gut zu den Mädchennamen, die wir oben hingeschrieben haben: Margarete, Katharina, Barbara, Elisabeth und so ähnlich – so hießen die Mädchen in der Blütezeit der Bürgerhäuser, und so heißen viele ja auch heute noch. Es sind griechische und biblische Namen.

Und wie hießen die Mädchen vorher? Wenn die Häuser am Markt erst ins späte Mittelalter gehören?

In der Zeit der Pfalzen und Abteien, im frühen Mittelalter? Die Frage lohnt sich, denn da gab es noch die alten, einheimischen Namen, die im Wechsel der Moden gegenwärtig nicht mehr so gefragt sind: Gertrud, Hertha, Irmgard, Gerda zum Beispiel. Und diese alten Namen wurden in der Zeit vor den Bürgerhäusern und Bürgertöchtern auch von Fürstinnen getragen: Bertha, Emma, Hildegard, Gerberga, Hedwig, Gisela, Mathilde, daneben auch Kunigunde, Adele und Ida.

91

Und hier hast du auch eine Frau zu einem solchen Namen: Als eine junge burgundische Königstochter, die bereits Witwe eines ebenfalls jungen, aber früh verstorbenen norditalienischen Königs war, im zehnten Jahrhundert den römischen König und späteren Kaiser Otto I. heiratete, brachte sie ihm damit die italienische Königskrone ein. Aber sie folgte ihm doch nach Deutschland, bis nach Magdeburg sogar, und weil ihr hübscher, griechisch-römischer Name Praxedis nicht in ihre neue Umgebung passte, legte sie ihn ab; unter dem Namen Adelheid wurde sie als »Mutter der Königreiche« berühmt. Vor allem sie und Mathilde, ihre und des Kaisers Tochter, die kindlich junge Äbtissin des Reichsklosters Quedlinburg, haben ihre Namen an unzählige kleine Mädchen des frühen Mittelalters weitergegeben.

Auch englische Fürstinnen konnten Mathilde oder lieber noch Edith(a) heißen – wenn sie nicht, wie die Prinzessin Eleonore von Aquitanien, aus dem Südwesten Frankreichs stammten. Dort hieß man auch schon früh Marie und Agnes – dies ein Name, der sich mit der ebenfalls lateinischen Beatrix und der biblischen Judith bald neben die einheimischen Fürstinnennamen schob.

Und jetzt erst, im hohen Mittelalter, kommen frühe Margareten und Elisabeths; wir nähern uns den Bürgerhäusern der Innenstadt. Bertha und Emma verschwanden aufs Land. Aber sie haben im Wechsel der Wertschätzung eine triumphale Rückkehr erlebt: Unsere Großmütter und Großtanten, kleine Rebekka, hießen wieder Emma und Bertha.

Alle diese Namen, woher sie auch kamen und wann sie auch in Mode waren, haben Abkürzungen und Koseformen gehabt, und diese lassen sich in den Quellen weit zurückverfolgen. Sie zeigen, dass in den Häusern des Mittelalters, ob diese nun wohlhabend oder ärmlich waren, kleine Mädchen herumgesprungen sind und liebevoll gerufen wurden.

Doch wozu wurden sie gerufen, liebevoll oder doch auch

streng? Jetzt, in den Häusern unserer eigenen Städte, können wir es uns gut vorstellen: Sie wurden zu all den kleinen und großen Arbeiten und Diensten gerufen, mit denen sie ihre künftige Rolle einübten.

Das war schon in Griechenland so gewesen; aber bei einem so großen Abstand und so großen kulturellen Unterschieden ist es schwierig, die Rolle eines Mädchens genau einzuschätzen.

Das hab ich ja auch gemeint.

Ich weiß. Hier dagegen, sozusagen »vor Ort«, hören wir es förmlich. »Gretel, lauf und sieh, ob das Brot schon braun ist!«, »Kathrin, nimm die Wäsche herein, es regnet gleich!«, »Bärbel, das Brennholz ist alle, hol neues, dort steht der Korb!«, »Else, treib die Gänse zurück, sie laufen fort!«

O ja! Oje!

Rotkäppchen und der Wolf

Aber wir kennen auch andere Anweisungen: »Rotkäppchen, geh in den Wald zur Großmutter und bring ihr Kuchen und Wein; sie ist krank!« In vielen Märchen kommen kleine und große Mädchen vor; und wenn du jetzt natürlich für Märchen schon zu groß bist, so kannst du sie für unsere Geschichte ruhig wieder aus deinem Gedächtnis kramen. Wie es bei Rotkäppchen weiterging, wissen wir.

Ja. Der böse Wolf kam.

Aber am Ende ging doch alles gut aus. Ein Märchen halt! Aber sehen wir es uns mal näher an. Den Wolf gab es das ganze Mittelalter über, das ist richtig, und es kam wohl auch vor, dass er schwache alte Menschen und Kinder anfiel. Hier hat sich ein alter Erfahrungskern erhalten. Aber zu der Zeit, als ein Wolf das noch tat, war man auf dem Lande viel zu arm, um seiner Großmutter Kuchen und Wein zu bringen; da durfte sie über ein bisschen Brot und Käse froh sein. Und ein Häuschen, besser wohl: eine Hütte im Wald gehörte den Ärmsten der Armen oder den Köhlern.

Die Märchen der Brüder Grimm kommen aus der frühen Neuzeit, und dorthin gehört auch diese Geschichte einer allein lebenden alten Dame und ihrer Enkelin, die mit einer roten Mütze durch den Wald läuft – als gäbe es im Mittelalter nicht Kleiderordnungen, die genau vorschrieben, welchen Stoff und welche Farbe wer tragen durfte. Und Rot war keine Farbe für einfache Leute. Aber der Kern der meisten Märchen ist alt, und deshalb dürfen wir sie uns schon ansehen, wenn wir wissen wollen, wie es den Mädchen im Mittelalter ging. Die Märchen wurden ja in den Spinnstuben von älteren Frauen erzählt und wandten sich an die jungen Mädchen, die dabei spannen; da sind viele weibliche Erfahrungen eingeflossen.

Viele Mädchen im Mittelalter, vor allem auf dem Lande, waren bitter arm. Das Märchen vom Sterntaler erzählt es uns, und wir müssen vermuten, dass die Katastrophen der Zeit – Pestzüge, Kriege, Brände, Hungersnöte – manches Kind mutterseelenallein und in nackter Not zurückließen. Eine soziale Absicherung gab es außerhalb der eigenen Verwandtschaft nicht. Und ein Sternenregen wird in Wirklichkeit kaum niedergegangen sein.

Was erfahren wir noch? Dass die Eltern von Hänsel und Gretel so arm waren, dass sie ihre Kinder im Wald aussetzten; wir haben ja gehört, was das heißt. Auch hier kommt die Rettung aus einem alten Motiv: Die Frau, die allein im Walde lebt, ist nicht die behäbige Försterswitwe, sondern die ausgestoßene, von der Kirche verdammte, vielleicht heimlich bei Nacht um Rat gefragte Zauberfrau, die Hexe. Und wer weiß, ob sie den Kindern nicht in Wirklichkeit geholfen hat?

Alte und neuere Elemente mischen sich auch bei Schneeweißchen und Rosenrot. Da leben zwei Mädchen, nur zur Hilfe im Haushalt verpflichtet, mit ihrer Mutter, offenbar wohl versorgt, wieder in einem kleinen Häuschen am Waldrand. War

die Mutter eine frühe Rentnerin, von wohlmeinenden Amts-
leuten im Auge behalten? Dazu passt der Umgang der Töchter
nicht recht: Zwerge, Menschen in Tiergestalt … Aber der ver-
zauberte Bärenprinz gibt das Stichwort, als er gutmütig grum-
melt: »Schneeweißchen, Rosenrot, schlägst dir den Freier tot!«
Das ist die Mahnung vieler Märchen an kleine und große Mädchen: Nur ja nicht den möglichen künftigen Ehemann ver-
graulen, sei er nun Bär, Frosch, Drosselbart, Müllerbursch – er
könnte ja der Erretter aus Armut und Not sein. Alles, was zu
Rettung und Glück verhilft, ist gut: Aschenputtels Täubchen,
Schneewittchens Zwerge, selbst das zwielichtige Rumpelstilz-
chen mit seinem Zwergengelüst nach Menschenkindern; man
muss sich diese Naturgeister nur dienstbar machen, sie dürfen
helfen, aber man darf ihnen keine Macht über sich selbst einräumen.

*So altmodisch war das Mittelalter? Dagegen waren ja schon die Grie-
chen modern!*

Ja, so altertümlich war es. Du musst bedenken, dass das Europa, in dem wir heute leben, am Ende der Antike ganz überwiegend bäuerliches Land war. Die Wellen der Völkerwande-
rungszeit schwemmten auch in den römischen Provinzen die
bisherigen Bildungsschichten fort oder drängten sie auf Inseln
zusammen. Die wichtigsten dieser Inseln, in denen sich die
Überreste der antiken Kultur sammelten, lagen dementspre-
chend im alten, im westlichen Europa; es waren die Klöster des
jungen Christentums.

Östlich des Rheins und nördlich der Donau, im neuen Europa,
sah es dagegen eher finster aus. In der Kirche überlebte zwar
ein Rest der griechisch-lateinischen Kultur; aber im allgemeinen war diese kulturelle Decke, die das Christentum über unsere alten Herthas und Berthas breitete, am Anfang überall
dünn. Unter ihr lebten die alten Naturgeister und Fabelwesen
noch eine Weile lang weiter, die Zwerge, Zauberfrauen und
Tiermenschen.

Die Kirche war klug genug, keinen Feldzug gegen Zwerge und Tiere zu führen; schwieriger war es bei den Hexen. Hinter ihnen konnten wirkliche Gehilfinnen heidnischer Kulte stecken, sie konnten aber auch einfach nur Frauen mit besonderem Charisma der Heilkunst und mit guten Naturkenntnissen sein, wie man sie brauchte, ehe es heilkundige Mönche oder gar richtige Ärzte gab. Gegen beide Formen der mutmaßlichen Hexerei nahm die Kirche den Kampf auf, denn auch Charisma und Wissen waren männliche Qualitäten; sie kamen den Frauen nicht zu. Die Hexen wurden verbrannt, und sei es nur von verängstigten Kindern wie Hänsel und Gretel.

Aber wir waren bei den Märchen, und die zeigen auch wieder etwas, das dir verheißungsvoll erscheinen kann: In ihnen bewegen sich Mädchen auf den Wegen und Gassen der Dörfer und kleinen Städte ganz selbstverständlich auch außerhalb des Hauses. Jedenfalls, wenn sie ihrer Arbeit und anderen Verrichtungen nachgehen; das heißt: tagsüber und im Alltag. Für festliche Anlässe und über größere Entfernungen tat man sich auch hier zu zweit oder zu mehreren zusammen. Und immer galt das Gebot, das wir schon kennen: Sittsam und besonnen hatte sich ein Mädchen zu verhalten.

Das ist aber doch schon mal was, im Freien herumlaufen zu dürfen! Und wie kam das?

Die Lebensformen dieser fast ganz ländlichen Gesellschaft waren viel schlichter als die in den großen Städten des Mittelmeerraums. Außerdem spielte das Klima eine Rolle; man konnte ja gar nicht so viel draußen sein wie im Süden. Und schließlich genossen die Frauen schon bei den alten Germanen ein beträchtliches Ansehen und eine gewisse Selbstständigkeit.

Und hatten sie bei denen nun endlich mal eigene Rechte?

So weit ging der Respekt auch wieder nicht. Nein, Frauen mussten auch hier einen Vater oder Ehemann als Vormund haben und von den wirtschaftlichen Freiheiten der Römerinnen hätten sie vorerst nur träumen können. Wir werden aber gleich sehen, dass sich das bald etwas besserte und den Frauen durchaus auch zu Chancen verhalf.

Für mich ist das trotzdem schon mal ein Anfang. Draußen herumlaufen können, wann und wo man möchte – anders kann man sich ein Leben doch heute gar nicht mehr vorstellen.

Nicht wann und wo man möchte! Nur tagsüber und nur mit einem festen Auftrag! Und immer hübsch sittsam! Aber du hast dennoch Recht: Wenn man schon mal allein zur Großmutter laufen darf, dann lässt sich über manches reden. Dennoch müssen wir noch einmal zu den Märchen zurück; denn da wartet unser gutes altes Thema, die Heiratsfrage.

O Gott, schon wieder? Na, ich gehe im Geist mal ein bisschen spazieren.

Tu das. Aber nicht allein im Wald; noch sind wir im Mittelalter! Nein, ganz gleich, was wir über das Draußensein in den Märchen erfahren, etwas anderes lehren sie eindringlich: Es galt im Mittelalter, beizeiten die Künste zu lernen, die aus einem Mädchen eine Ehefrau machten; alles andere fand sich dann schon. So jedenfalls wollen es wiederum die Märchen wissen, in denen ja stets eine Hochzeit mit großer Pracht gefeiert wird.

Das ist doch nichts Böses!

Nein, gar nicht, im Gegenteil.

Aber?

Die Haus-Frau

Nichts aber. Es war sogar sehr gut, wenn wenigstens von einer Seite etwas Vermögen kam, mit dem sich die große Pracht feiern ließ. Denn Vermögen war eine gute Grundlage für den Bestand einer Ehe, auch im Mittelalter. Damit ließ sich ein Haus – eine Burg, ein Handwerksbetrieb, ein Bauernhof – führen, in dem beide Partner ihr volles Tun hatten. Und dies

Letztere gehört fest zum Mittelalter, vor allem zum späten Mittelalter mit der wirtschaftlichen Blüte seiner Städte.

Denn eine mittelalterliche Ehe war eine Berufspartnerschaft und in vielen Fällen eine Erwerbsgemeinschaft: Ritterfrauen mussten im Kriegsfall die Burg allein verteidigen, wenn ihr Mann fort war; Kauffrauen verwalteten jetzt nicht selten ein beträchtliches eigenes Vermögen, mit dem sie auch den Ehemann entlasteten; einige von ihnen führten im späteren Mittelalter sogar ein eigenes Siegel. Handwerkersfrauen beherrschten oft das Handwerk des Mannes und konnten im Fall seines Todes seine Werkstatt eine Weile lang weiterführen. Wir wissen sogar von eigenen Frauenzünften im Seiden- und Garngewerbe, deren Mitglieder eigene Werkstätten im Hause betrieben. So war es über das Mittelalter hinaus bis in die frühe Neuzeit.

Aber das alles vollzog sich von der Ehe aus, vom Haus, vom Hof und von der Burg her, und es gab darin in der Regel nur *ein* Ehepaar, Hausherr und Hausfrau, und nur eine Familie. Wer sonst noch im Hause lebte, vom Gesellen bis zur Magd, musste ledig sein. Zwar gab es kaum noch wirkliche Eheverbote in den Städten, wie sie früher auf dem Land bestanden hatten, und natürlich waren unter den jungen Mägden viele, die nur bis zu ihrer Heirat arbeiten wollten. Aber Lohnarbeit im Hause vertrug sich nicht mit einer Ehe. Man musste deshalb die Augen nach einem Freier offen halten, der auch heiraten konnte.

Ehen waren also im Mittelalter einerseits die Grundlage allen weiblichen Wirkens in der Gesellschaft, andererseits waren sie eher knapp, und was knapp ist, möchte man haben; vielleicht wussten das die Märchen.

Und was geschah, wenn kein Freier kam? Dann hatte ein Mädchen, je nach dem Wohlstand seines Elternhauses, eigentlich nur zwei Möglichkeiten: Es konnte einen »Beruf« ergreifen, den es nirgendwo verzeichnet gibt, der aber den Lebensinhalt zahlloser Bürgerstöchter weit über das Mittelalter hinaus bilden sollte: Es konnte im Hause des Vaters und später des Bruders bleiben und dabei »Tante« werden – unvermählt, unbezahlt, kräftig zur Arbeit herangezogen, unentbehrlich und oftmals heiß geliebt. Unsere moderne Welt kennt diese Lebensform Gott sei Dank nicht mehr; andererseits wachsen, seit es die alte Art der Tante nicht mehr gibt, viele Kinder und gerade kleine Mädchen auch viel weniger lustig heran.

Ich hab sehr gute Tanten, aber einen richtigen Beruf haben sie schon, das stimmt. Und was war, wenn ein Mädchen arm war?

Dann ging es eben gegen Lohn in Stellung. Das war weit von einem heutigen Beruf entfernt; aber es machte doch schon ein bisschen unabhängig. Im Mittelalter – und auch noch danach – gab es Unabhängigkeit sonst eigentlich nur im Witwenstand, vor allem, wenn er mit Vermögen verbunden war. Aber auch für eine solche Unabhängigkeit – als Kauffrau etwa und sogar als Ärztin – war die Ehe sozusagen die Durchgangsschleuse.

Hmmm!

Was hmmm?

Wenn das alles so war, dann blieb einem ja gar nichts anderes übrig, als Hausfrau zu werden!

Armes Kind! Vielleicht sollten wir uns jetzt die Häuser von damals mal von innen ansehen? Nehmen wir wieder an, du wärst auf die Butterseite des Lebens gefallen und jetzt einmal ein eher kleineres Mädchen in einem gesicherten Bürgerhause, in einem Haus, das du dir in der Innenstadt ansehen kannst.

Würdest du dort spielen können? O ja! Es gab auch im Mittelalter das Spielzeug, von dem wir schon gesprochen haben, nur dass es etwas mehr auf das rauere Klima bei uns zugeschnitten war. Puppen und Puppenstuben gab es, mit denen man drinnen spielen konnte, wunderhübsche Puppenstuben und Puppenhäuser sogar, an denen geschickte Handwerkerväter ihr Können geübt hatten. Und wo standen sie? Im Kinderzimmer? Eher wohl in der großen Stube, die im Obergeschoss des Hauses den Mittelpunkt des Familienlebens bildete.

Das Erdgeschoss mit Flur oder Eingangshalle und den Räu-

men, die rechts und links davon abgingen, war dem Berufs-
betrieb des Vaters vorbehalten: der Werkstatt, dem Kontor, den
Lagerräumen, der Wagenremise; hier schliefen wohl auch die
Knechte und Gesellen. Eine Wendeltreppe aus Holz führte in
den ersten Stock und eben auf die große Diele oder den Saal.
Von ihr gingen zur Straße hin ein Wohnzimmer und gegenüber die Küche ab; sonst gab es nur wenige kleinere Kammern
und sicher kein richtiges Kinderzimmer. Die Zimmerdecken
waren niedrig, um die Wärme zu halten, die anfangs nur vom
Kamin hinter dem Giebel, später von Kachelöfen kam. Die
Fenster schlossen schlecht und so war es wohl zugleich heiß
und zugig in den Räumen.

Aber hübsch war es mit den schweren, dunklen Balken, den
geschnitzten Möbeln, vielleicht sogar schon mit einer Stoff-
tapete, mit den Fensternischen und den kleinen, vorspringenden, überdachten Eckbalkons, die man Erker nannte.

Und noch etwas anderes sprang vor, zur Straße hin: das Obergeschoss selbst. Je höher ein Haus war, desto mehr neigte sich
seine Straßenfront zum Nachbarhaus, das dasselbe tat. So konnte ein kleines Mädchen seinen Spielkameraden gegenüber direkt in die Kammer sehen; vielleicht hat man sogar Bretter
zum Hinübersteigen hingelegt, wie es in Andersens Märchen
beschrieben wird. Sicher hat man Wäscheleinen gespannt, und
es war ziemlich gleich, ob von der Wäsche das Wasser hinunter-
tropfte. Denn die Straßen, die man Gassen nannte, waren durch
diese Bauweise so eng und dunkel, dass es nicht mehr darauf
ankam, ob noch Nässe von oben dazukam. Gepflastert waren
sie auch nicht, und weil sich doch ein beträchtlicher Verkehr
durch sie schob, waren sie so aufgewühlt, dass man gut in ihnen stecken bleiben konnte. Eine Müllabfuhr gab es nicht,
und so musste man manchmal Bretter legen, um zu den Haus-
eingängen zu gelangen. Hier war für kleine Mädchen das Spielen nicht so gut möglich.

Aber es konnte draußen doch hübsch sein, vor allem auf dem

Markt, auf den man mitdurfte, wenn die Mutter und eine Magd dorthin gingen. Dort stand oft ein Spielmann, der auf seiner Geige lustig drauflosfiedelte und dem man lange zuhören konnte. Wenn genügend Kinder da waren, dann ließ sich zu seiner Musik sogar tanzen. Auch die Erwachsenen waren rasch bereit, ein kleines Fest einzuschieben, und wenn Jahrmarkt war, dann war es wirklich aufregend; dann tat man sich aber auch immer mit jemandem zusammen.

Aber auch wenn ein Mädchen noch so kräftig mit anfasste, reichte das, was sie zusammen mit Mutter und Magd nach Hause schleppte, für einen großen Haushalt nicht aus. Da musste mehrmals gelaufen und oft auch gekarrt werden. Man kaufte ja nicht nur den Bedarf des Tages ein. Das Brot hat man in der Stadt wohl schon bald beim Bäcker gebacken, aber das große Schlachtfest im Herbst mit dem Wurstmachen und Einpökeln vollzog sich im Hause. Fisch und Geflügel kamen lebend in die Küche und wurden dort mit einem Beil auf einem Hackklotz geschlachtet.

Iiih!

Einmachen, Einlegen und Trocknen war auch sonst nötig; Äpfel und Kräuter wurden auf dem Dachboden gedörrt; das Sauerkrautfass stand wohl im Keller. Das Bier wurde im Hause gebraut; manche Hausfrauen verdienten sich damit sogar ein Zubrot. Und von der Arbeit, die das Nähen von Kleidern, aber auch von Bett- und Tischwäsche verursachte, habe ich noch gar nicht geredet. Das musste ja alles mit der Hand gemacht werden!

Auf dem mächtigen Herd dampfte ständig ein Wasserkessel, denn dort wurde alles warme Wasser für das Haus zubereitet. Es sind uns Bilder überliefert, die mittelalterliche Küchen zeigen, und in einige von ihnen kann man heute noch hineingehen. Die Kommandogewalt über eine solche Küche, die auch einer altgedienten Magd als Haushälterin obliegen konnte, muss groß gewesen sein. Dass die Küche mit der gefährlichen

Feuerstelle in dem aus Holz gebauten Obergeschoss gelegen haben soll und nicht im gemauerten Keller- oder Erdgeschoss, erscheint seltsam, ist aber mehrfach belegt. Ein weitläufiges Kloster oder eine Burg hatten natürlich auch im Erdgeschoss Platz für Küche und Backhaus.

Nun überleg dir mal, wie da die kleinen Bärbels, Gretelchen, Kathreinerles und Elsen gerannt und gesprungen sein mögen! Wasser und Brennholz mussten vom Hof heraufgeschleppt werden, Feuer nachgelegt und Abfälle beseitigt werden. Das gebrauchte Wasser schüttete man entweder auf den Hof oder leitete es durch hölzerne Rohre in eine Grube, in der sich auch alle anderen Abwässer sammelten, um in den nächsten Bach weggeschwemmt zu werden oder im Erdreich zu versickern.

Und das alles musste ein Mädchen können? Das find ich aber gar nicht märchenhaft! Und: Musste man denn so viel in der Küche helfen? Das verlangt doch heute niemand mehr!

Das war damals anders. Nur sehr reiche Leute konnten es sich leisten, ihre Kinder nicht in der Wirtschaft mitarbeiten zu lassen. Denk nur daran, wie schwer es ist, die Kinderarbeit in unserer Zeit abzuschaffen. Die Hauswirtschaft jedenfalls musste jedes Mädchen lernen. Müßig ging kaum eines, nicht einmal auf einem Schloss; denn dort mussten noch allerlei höfische Künste geübt werden. Und erst alle diese Ausbildungen – denn so dürfen wir sie getrost nennen – machten die Frau zur Partnerin des Mannes in ihrer gemeinsamen Lebenswelt. Es gab noch keine Trennung von Beruf und Haus.

Zu dieser gemeinsamen Lebens- und Arbeitswelt der Eltern gehörten nun auch die Kinder. Denn es verstand sich von selbst, dass die Partnerschaft der Eltern nicht etwa Selbstzweck war, sondern nur die Grundlage für eine Familie darstellte. Und das hieß: für eine christliche Familie. Denn wenn die Kirche in der ausgehenden Antike für die Aufwertung der Ehe, für die Unversehrtheit der Familie und für das Lebensrecht auch der

Mädchen gestritten hatte, so verankerte sie dies alles nun fest in ihrer Gesellschaftslehre. Es gab keine Partnerschaft außer der, die die Kirche segnete, und nur auf dem, was sie segnete, lag eine Verheißung. Es lohnt sich, das im Kopf zu behalten; denn hier liegt einer der Gründe dafür, dass wir uns so schwer mit modernen Partnerschaftskonzepten tun. Wer möchte schon gern ohne Verheißung leben? – Aber ich glaube, du bist mit deinen Gedanken noch bei der Küche – oder?

Ja. Bei dem Hackklotz und dem Beil. Konnte man denn als Mädchen gar nichts anderes tun? Wenn man nun zum Beispiel gerne lesen wollte. Oder über etwas anderes als über den Haushalt reden. Was war dann?

Heloise und Abälard

Ja, was war dann? Ich habe vorhin den Namen des Kirchenvaters Augustinus genannt, dessen Gedanken für das ganze Mittelalter grundlegend gewesen sind. Er hat auch etwas zu den Mädchen und Frauen gesagt: Er teilt sie in drei Gruppen ein, in Ehefrauen, Witwen und Jungfrauen, und er weist jeder Gruppe, wie es im Mittelalter üblich war, ihren Rang in der Werteordnung zu. Was meinst du, wen er am höchsten stellt?

Na, die Ehefrauen natürlich, nach dem, was du eben gesagt hast.

Nein, gar nicht. Die Ehefrauen erfüllen zwar ihre Rollenpflicht im göttlichen Heilsplan, indem sie Kinder zur Welt bringen und großziehen, so dass das Menschengeschlecht sich ausbreiten kann; aber sie sind dabei auch in die Sünden und Freuden der Welt verstrickt, denen sie gar nicht entrinnen können, selbst wenn sie es wollten. Höher stehen schon die Witwen, jedenfalls wenn sie nicht wieder heiraten und ein sittsames Leben führen. Sie haben zwar einmal an der Verderbtheit der Menschen teilgehabt, aber jetzt leben sie frei von Versuchungen und Fehltritten.

Am höchsten stehen beim Kirchenvater Augustinus die Jungfrauen. Sie allein sind makellos, und wenn sie sich zu einem Gott geweihten Leben entschließen, dann gebührt ihnen die Krone. Das heißt, wenn sie in ein Kloster eintreten und Nonnen werden.

Hier hast du also einen anderen Weg für ein Mädchen: Es musste nicht als Tante im Eltern- und Bruderhaus bleiben, es konnte auch in ein Kloster eintreten und genoss dann als Klosterfrau ein hohes Ansehen. Freilich verlangten die Klöster, sogar die der Bettelorden, eine Mitgift; aber die brachte ein Vater oder Bruder schon auf. Er hätte sie ja bei einer Heirat auch zahlen müssen.

Aber wir wollen auf deine Frage zurückkommen: Wenn sich ein Mädchen nicht fürs Hühnerschlachten, Bierbrauen und Gewürzeinkaufen interessierte – was war dann? Nun, im Kloster musste man sich für so etwas nicht interessieren, obwohl es auch dort Küche und Keller gab. Man durfte dort auch lesen, schreiben, musizieren und sich – leise – unterhalten. Alles natürlich im Rahmen der Klosterordnung und mit Themen und Motiven, die die Kirche vorgab oder doch erlaubte.

Es hat freilich bedeutende Frauen gegeben, die sich bis in die Naturkunde hinein auch für Sachfragen interessiert haben, wie zum Beispiel die große Hildegard von Bingen, die zugleich Gründerin und Leiterin einer eindrucksvollen Abtei und eine tiefe Mystikerin war. Es ist sogar denkbar, dass sie sich auch für die Hühner und die Gewürze interessiert hat, wie sich das für eine gute Organisatorin gehörte.

Aber du meinst etwas anderes, nicht wahr?

Ja. Es gibt doch bei uns Leute, die sich zusammentun, weil sie ein gemeinsames Interesse, eine gleiche Ausbildung haben: Ärzte, Anwälte, Lehrer, Wissenschaftler, Pfarrer – gab es die im Mittelalter nicht?

Nein, die gab es nicht. Es gab überhaupt keine Männer in den Berufen, die du eben genannt hast, wenn man von dem alten Beruf des Arztes und einigen frühen Juristen einmal absieht.

Denn es gab die Berufe selbst noch gar nicht. Die Theologen, Juristen, Lehrer und Wissenschaftler mussten in den Dienst der Kirche treten oder ins Kloster gehen. Dort, im geistlichen Stand, findest du im Mittelalter die Männer, die ein gescheites Mädchen gern geheiratet hätte, um sich mit ihnen – auch – über Fragen zu unterhalten, die es interessierten. Ehe und Wissenschaft schlossen einander aus, denn zum geistlichen Stand gehörte der Zölibat, die Ehelosigkeit. Das heißt natürlich nicht, dass es nicht auch blitzgescheite Ritter, Bürger und Bauern gab und dass sie sich nicht nach einem klugen Mädchen umsahen, das ihre Wirtschaft mit Verstand führte. Aber die Gespräche in einer solchen Ehe drehten sich um diese Wirtschaft und ihr Umfeld.

Und wer das nicht wollte, musste selbst ins Kloster gehen? Haben sich das die Mädchen gefallen lassen?

Haben sich das alle gefallen lassen? Ich will dir dazu eine Geschichte erzählen, eine ganz berühmte Geschichte. Sie spielt freilich etwas vor der Zeit der schönen Bürgerhäuser, am Anfang des 12. Jahrhunderts, an der Schwelle zum hohen Mittelalter. Und sie spielt in Paris.

Also: Es war einmal ein Mädchen, das hieß Heloise. Sie war nicht nur sehr hübsch, sondern auch sehr intelligent und wissbegierig; außerdem hatte sie ein leidenschaftliches Temperament. Sie wurde in einem Kloster in der Nähe von Paris, in Argenteuil, erzogen, und wir dürfen vermuten, dass sie dort gebildete Lehrerinnen hatte, die sie ernsthaft an die Bücher heranführten. Das hieß damals, dass sie auch sehr gut Latein lernte.

Mit sechzehn Jahren kehrte sie nach Paris zurück, offenbar in das Haus ihres Onkels, der auch ihr Vormund war. Dieser scheint die Nichte hoch geschätzt zu haben und er hatte nichts gegen Bildung bei Frauen. Deshalb tat er etwas, was in Frankreich und Italien häufiger vorkam: Er ließ Heloise privat weiter unterrichten.

Aha, das gab es also doch, Unterricht für Mädchen!
Ja, das konnte es vor allem in den Ländern des alten, des westlichen Europa geben, in denen auch die ältesten Universitäten unseres Kontinents stehen. Dort bildete sich früher als bei uns eine höfische und literarische Kultur heraus und zu dieser Kultur gehörten gebildete Unterhaltungen und auch gemeinsame Lektüre von Männern und Frauen. Wir werden das später noch wieder finden. Wenn also Fulbert, Heloises Onkel, sich nach einem Lehrer für seine Nichte umsah, so war das nicht üblich, aber auch nicht außergewöhnlich.

Und er sah sich also nach einem Lehrer um. Wo?
Das war in Paris nicht schwer. Dort gab es die berühmten Hohen Schulen, die Vorläufer der ebenfalls berühmten Pariser Universität.

Und? Wen fand er dort?
Nun, er nahm den Besten, den er finden konnte. Er bat den berühmten Philosophie-Professor Peter Abälard, seine Nichte zu unterrichten, und dieser willigte ein.

Aber Peter Abälard war wirklich ein berühmter Mann, auch weit über Paris hinaus, und er wird noch heute als einer der führenden Köpfe der Frühscholastik, der mittelalterlichen Philosophie, gelesen. Er war der Erste, der die Lehrautorität der Kirchenväter höflich, aber bestimmt beiseite schob und Erkenntnisse aus eigenen wissenschaftlichen Fragestellungen verlangte. Vor allem Logik und Ethik konnte man bei ihm hören und die Studenten kamen in Scharen zu seinen Vorlesungen auf dem Mont Sainte Geneviève. Doch Abälard war nicht nur ein hinreißender Lehrer, sondern auch sonst kein alltäglicher Mensch. Heute würde man sagen, er sei auch ein Liedermacher gewesen, und Heloise selbst spricht später davon, dass die Lieder, die er für sie dichtete und komponierte, überall auf den Straßen gesungen wurden.

Das hört sich ja beinah abenteuerlich an! So was gab es damals?
Diesen Lehrer also suchte Fulbert für Heloise aus; aber ehe wir

sagen, dass nun alles so kam, wie es kommen musste, wollen wir erst fragen, was sie denn wohl zusammen lasen.

Vermutlich den lateinischen Aristoteles, das heißt, die ins Lateinische übersetzten Schriften des Philosophen. Denn die griechischen Texte waren den europäischen Gelehrten damals nicht zugänglich; sie wurden erst in der Renaissance wieder ausgegraben. Vielleicht lasen sie auch Cicero; in dessen Schriften gab es die alte, platonische Auffassung, dass solche Dinge wie Freundschaft und Liebe etwas Edles, Uneigennütziges und Reines seien. Jedenfalls muss die Atmosphäre im Studierzimmer voll großer geistiger Intensität gewesen sein; denn auch Heloise war nicht irgendeine Schülerin. Kein Geringerer als der Abt Petrus Venerabilis von Cluny hat ihr später seine Bewunderung für ihre Kenntnisse in der Wissenschaft ausgesprochen.

Aber nach einer Zeit der Studien geschah das, was der italienische Dichter Dante in einem berühmten Vers so umschreibt: »An jenem Tage lasen wir nicht weiter ...« Bald waren, wie beide später freimütig bekannten, Küsse häufiger als Erklärungen, und bald war auch ein Kind unterwegs.

Weiter!

Ganz Paris hatte dem Schauspiel, das keiner der beiden Liebenden geheim zu halten suchte, mit angehaltenem Atem zugesehen. Denn diese Liebesgeschichte hatte von Anfang an etwas an sich, das alle Maßstäbe der Zeit sprengte.

Als die Schwangerschaft feststand, entführte Abälard Heloise und brachte sie in seine bretonische Heimat, wo das Kind, ein kleiner Junge, zur Welt kam und wohl auch aufwuchs. Es gibt Verse und auch Briefe von Abälard an den Sohn, dessen Spur sich aber bald verliert.

Beide Liebenden kehrten nach Paris zurück, aber dort wurde die Geschichte inzwischen als Skandal gewertet. Jeder nahm Partei, durchaus auch zugunsten des Paares; aber besonders in der Kirche reagierte man empört. Abälard hatte zwar erst die niederen Weihen empfangen, war also, wie viele gelehrte Kleriker, noch nicht zum Priester geweiht; aber es war für Intellektuelle eben üblich, diesen Schritt zu vollziehen und seine Laufbahn innerhalb der Kirche fortzusetzen. Dafür war eine solche Liebesgeschichte nicht gerade eine gute Voraussetzung.

Empört aber reagierte vor allem Heloises Familie, die ihren Ruf gefährdet sah und auf den Liebhaber Druck ausübte. Abälard entschloss sich zu einem zweischneidigen Schritt: Er bot an, Heloise zu heiraten – unter der Bedingung, dass die Ehe geheim blieb, was zu dieser Zeit nicht selten geschah. Heloises Onkel nahm an; die Trauung wurde heimlich vollzogen.

Was sich beide Parteien dabei gedacht haben, ist schwer zu sagen. Für einen Mann wie Abälard gab es keine Laufbahn außerhalb der Kirche; innerhalb der Kirche aber war zur Not Platz für einen reuigen Sünder, aber nicht für einen verheirateten Mann. Heloises Familie wiederum hatte nichts von einer Eheschließung, von der niemand etwas wusste; denn das Verhältnis musste so weiterhin als Skandal erscheinen.

Heloise war die Einzige, die die Lage voll erfasste. Sie weigerte sich zunächst, der Trauung zuzustimmen und hatte dafür das untrüglich sichere Argument, dass eine Eheschließung nur der Anfang der Trennung sein konnte. Lieber wollte sie Abälards Dirne heißen und damit seine Freiheit retten, als den Konflikt mit der Kirche festzuschreiben.

Das find ich toll! Und er?

Abälard selbst war es, der zur Ehe drängte und sich damit durchsetzte; er wollte vermutlich den völlig verstörten alten Fulbert beruhigen.

Die Tragödie nahm dann einen rasend schnellen Verlauf. Fulbert hielt sich nicht an das Schweigeversprechen, die Eheschließung wurde ruchbar. Heloise stritt alles ab und schwor, es habe keine Trauung gegeben. Daraufhin brachte Abälard sie in ihr altes Kloster Argenteuil – nur für so lange, bis die Wogen sich geglättet haben würden. Sie musste dazu ein Nonnengewand anlegen, und was sie dabei empfunden haben mag, ist heute schwer nachvollziehbar.

Fulbert aber witterte Verrat und ließ sich zu einem Schritt hinreißen, der schon damals auf Empörung stieß, uns heute aber völlig unbegreiflich erscheint. Er ließ Abälard nachts überfallen und so gezielt verstümmeln, dass nun weder eine spätere Priesterweihe noch auch ein weiterer Vollzug der Ehe möglich waren.

W–? Na, mal weiter!

Der Schock traf beide betäubend. Für Abälard gab es nur die Wahl zwischen einer ruinierten Existenz als akademischer Lehrer und dem Eintritt in ein Kloster. Denn als Mönch, vor allem als Benediktinermönch, brauchte man nicht zum Priester geweiht zu werden. Er entschloss sich für das Kloster; aber ehe er eintrat, befahl er Heloise, ebenfalls den Schleier zu nehmen, in Argenteuil.

Befahl?

Ja, befahl. Sie wollte nicht, sie rebellierte, sie wollte sich nicht von ihm trennen; aber sie gehorchte dann doch, zum letzten Mal.

Es folgte eine Zeit der Trennung und dann eine seltsame Phase des Wiedersehens: Abälard gewährte Heloise und ihren Nonnen, als sie aus Argenteuil vertrieben wurden, Unterschlupf und Betreuung in seinem eigenen Kloster. Danach folgte eine neue, endgültige Trennung und dann ein Briefwechsel, der zu den berühmtesten der Weltliteratur gehört. Man hat seine Echtheit angezweifelt und sicher ist er überarbeitet worden; aber wer ihn liest, ist von ihm gebannt. Ich kann mir nicht vorstellen, dass er nicht im Kern echt sein soll.

Heloise macht in ihren Briefen von Anfang an klar, dass sie die Katastrophe, den Abbruch der Beziehungen, niemals verschmerzt hat, dass nicht Gott, sondern Abälard der Herr ihres Herzens ist. »Gotteslästerlich«, so nennt der Benediktinerabt das erschrocken und bittet Heloise inständig um Reue und Umkehr, um Hinwendung zu Gott.

Wenn, dann nur dir zuliebe … So etwa antwortet sie. Wenn ihm, Abälard, daran liege, dass sie Gott gefalle, nun, dann wolle sie Gott gefallen – und sie beweist diesen Willen durch einen vorbildlichen Lebenswandel. Sie beschwört die Erinnerung an die Tage der Liebe; er antwortet und geht ein Stück weit mit. Hat Heloise das Buch über die Liebeskunst von Ovid gelesen? Man hat stilistische Anklänge daran wahrnehmen wollen – bei ihr. Bei Abälard gibt es nichts dergleichen; er bittet sie, solchen Erinnerungen zu entsagen, und zeigt sich dankbar dafür, dass es für ihn keine Versuchungen mehr gibt.

 Aber eines legt er unerbittlich dar: was Sünde ist. Ein Unrecht ist dann, und nur dann Sünde, wenn es bewusst und willentlich begangen wird. Und Heloise? Sie weiß, dass sie schuldig ist. Schuldig, schuldig! Und doch auch unschuldig, vollkommen unschuldig; denn ihre Liebe war rein …

Nach seinem Tode holte sie, wie es zwischen ihnen abgesprochen war, seinen Leichnam in sein einstiges und ihr jetziges Kloster. Heute liegen sie zusammen auf dem alten Pariser Friedhof Père Lachaise; denn schließlich waren sie ein Ehepaar, auch wenn sie im Mittelalter keines sein durften.

So viel zu Intellektuellen-Ehen im Mittelalter.

Im Verlauf des Briefwechsels, um das noch zu erzählen, erbittet Heloise auch vielerlei Belehrung von Abälard, und zwar schriftlich. Wenn sie von ihm die Dinge selbst nicht mehr bekommen könne, die sie wolle, sagt sie, so wolle sie seine Worte haben – ein Gedankengang aus dem mittelalterlichen Streit darüber, ob die Sache selbst oder ihr Name, das Wort, zur Definition dienen solle. Und Abälard antwortet, geduldig, bereitwillig, obwohl ihn die Briefe geschmerzt haben müssen; er weiß, was er ihr schuldig ist. Hierher gehört auch sein schönes Wort: »Die Frauen richten sich in ihrem Handeln nach der Wahrheit selbst, die Männer nach Zeichen und Symbolen« – und damit ist die Geschichte zu Ende.

Wahnsinn!

Die Wende zur Neuzeit:
Die dumme Liese und der kluge Hans

Uff! Das lese ich mir aber bestimmt später noch mal in Ruhe durch! Das war ja eine irre große Geschichte!

Ja, das war eine sehr große Geschichte, und ich hätte sie dir nicht erzählt, wenn sie nicht wahr wäre. Große Geschichten sind immer anstrengend, nicht nur für die, die sie erleben, sondern auch für die, die sich aus ihnen ein Urteil über ihre Zeit bilden wollen. Aber weil ich gerade dabei bin, erzähle ich dir gleich noch eine Geschichte, diesmal eine kleine, selbst ausgedachte, eine Erzählgeschichte zum Zuhören. Dabei kannst du dich ein bisschen ausruhen.

Sehr gut. Und wann spielt diese Erzählgeschichte?

Knapp vierhundert Jahre später als die letzte, zur Zeit der Humanisten. Das Mittelalter geht zu Ende, die Neuzeit kündigt sich an. Also:

Liesel

Es war einmal ein Mädchen, das hieß Liese. Oder auch Liesel, je nachdem, wer mit ihr sprach. Ihr Vater sagte »Liesel«, aber die alte Gertrud, die für sie sorgte, sagte ziemlich barsch »Liese«. Eine Mutter hatte Liesel nicht mehr, und leider auch keine Geschwister.

Natürlich hatte Liesel auch einen richtigen Namen, sozusagen für sonntags. Sie hieß Anna Elisabeth. Aber für das Alltagskind war »Liesel« schon richtig. Das Alltagskind wäre am liebsten barfuß herumgelaufen und hätte gern den Rock hochgebunden; denn dann hätte es sich besser klettern und springen lassen. Aber leider hatte die Gertrud dafür gar nichts über, und gerade zu der Zeit, in der unsere Geschichte einsetzt, verlangte sie immer öfter, dass Liesel feine Schuhe anzog, Schuhe mit Schnallen und weiße Strümpfe dazu. Der Rock musste sittsam herunterhängen und das Unterkleid hatte sauber gefaltet unter dem Obergewand herauszuschauen. »Das gehört sich so für ein Bürgerskind«, sagte Gertrud. Und leider musste sich Liesel jetzt auch immer häufiger die leinene Schürze umbinden, die zur Hausarbeit gehörte, und bei dieser Hausarbeit ordentlich zupacken. »Damit du nicht vergisst, dass du ein Mädchen bist!«, sagte Gertrud dazu.

War es etwas Dummes, ein Mädchen zu sein? Eigentlich nicht, fand Liesel. Sie war trotz der Ermahnungen der Gertrud gern ein Mädchen.

Aber es gab im Hause noch etwas anderes als Kochtöpfe und Schürzen. Es gab auch ein paar Bücher, richtige gedruckte Bücher. Sie lagen wohl verwahrt in des Vaters Truhe in der großen Stube. Bisweilen las der Vater Liesel aus diesen Büchern vor – seltsame Begebenheiten aus alten Zeiten oder Geschichten aus fernen Ländern. Bücher, fand Liesel, waren etwas Schönes.

Hans

Es gab unglaublich viele Jungen, die Johann oder Johannes hießen und »Hans« gerufen wurden. Und weil es dabei Verwechslungen geben konnte, wurde Johann Christoph manchmal auch nach seinem zweiten Namen »Stoffel« gerufen. Aber auch nur, wenn es darauf ankam, dass er selbst angerannt kam und nicht der andere Hans, der mit ihm zusammen die Kühe hütete.

Hans' Vater besaß in dem Dörfchen vor den Toren der Stadt

einen Bauernhof. Keinen großen, aber auch keinen ganz kleinen. Unweit von diesem Hof floss ein Fluss, ebenfalls kein sehr großer; aber etwas weiter abwärts mündete dieser Fluss in einen anderen, einen richtig großen. Und auf diesen Fluss richteten sich Hans' Träume. Denn an ihm lag eine wirklich große Stadt – eine Stadt mit einer Hohen Schule.

Warum es eine Stadt mit einer Hohen Schule sein musste, hätte der Hans nicht sagen können. Außer vielleicht deswegen, weil man an einer solchen Stätte bestimmt etwas tun konnte, das spannender war, als Kühe zu hüten und bei Wind und Wetter draußen zu sein. Wenn er sich darüber freilich zu Hause beklagt hätte, dann wäre er ausgelacht worden, und es hätte geheißen, er sei doch schließlich ein Junge.

War es eine Strafe, ein Junge zu sein? Natürlich nicht. Man wäre ja dumm gewesen, wenn man kein Junge hätte sein wollen. Aber es mussten ja nicht gerade Kühe, es konnten doch zum Beispiel auch Bücher sein! Bücher, das war das zweite, wovon der Hans träumte. Dabei hatte er in seinem ganzen Leben noch keines gesehen.

Die Hecke

Im Sommer, wenn das Wetter schön war, stellte sich der Hans gern auf eine kleine Anhöhe am Rande der Weidewiese. Von dort aus konnte er auch in den Garten hinübersehen, in dem an solchen schönen Tagen die alte Gertrud mit Liesel Beeren pflückte und nach den Blumen sah. Der Garten außen an der Stadtmauer, das wusste Hans, gehörte Liesels Vater, einem angesehenen und reichen Kaufmann. Manchmal war auch der Kaufmann selbst da. Dann brauchte Liesel nicht beim Pflücken zu helfen, sondern durfte mit ihrem Vater auf einer Bank sitzen und sich mit ihm unterhalten. Wenigstens nahm der Hans an, dass ihr das lieber war als die Arbeit, so wie es ihm selbst lieber gewesen wäre. Dass sie Liesel hieß, hatte Hans gehört, und sie wusste auch, dass er Hans hieß, denn sie hatte ihm einmal ein Stück Johannisbeerkuchen über den Zaun hinüber gegeben und dabei nach seinem Namen gefragt. Auch ihr Alter hatten sie sich gegenseitig verraten: Hans war damals zehn Jahre alt und Liesel wurde es im Herbst.

Genau genommen war der Kuchen nicht »über den Zaun« gereicht worden, denn der Zaun war eine doppelte Brombeerhecke, und die schützte den Garten auch besser als jeder Zaun. Liesel und er hatten ein richtiges Loch in die Ranken machen müssen, damit der Kuchen seinen Weg nehmen konnte. Aber das war schon im vorvorigen Sommer gewesen. Hans erinnerte sich noch genau an den Kuchen: Über den Johannisbeeren war eine Decke aus Sahne und Eiern gewesen, deshalb hatte der Kuchen auch halb süß und halb sauer geschmeckt. Noch genauer aber erinnerte sich Hans an die Kratzer, die sie schließlich beide an den Armen gehabt hatten. Die Hecke war zu dicht für sie. Es wurde denn auch vorerst kein neues Loch mehr gemacht.

Jeder blieb, wo er hingehörte.

Was tust du, wenn …?

Auch heute sah Hans von seinem kleinen Aussichtshügel aus in den Garten hinüber. Der Kaufmann war nicht da; Gertrud und Liesel waren allein. Aber sie mussten mit der Arbeit fertig sein, denn eben hoben sie die vollen Eimer auf den Leiterwagen. Dann verschwand die Gertrud im Gartenhäuschen. Hans rannte zur Hecke. Dort rief er leise: »Liesel!«

Sie drehte sich um; aber weil sie durch die dichte Hecke nicht viel sehen konnte, kletterte sie auf die Bank und stellte sich auf die Zehenspitzen.

»Was ist?«

Ja, was war? Hans wusste es selber nicht. Aber da er nun einmal gerufen hatte, sagte er: »Können wir nicht wieder ein Loch machen, ein größeres als letztes Mal, damit einer von uns heraus- oder hereinkann? Ich habe mein Messer mit.«

Liesel überlegte. »Wir haben eine große Schere«, sagte sie dann. »Lass es uns versuchen. Aber nicht hier, sondern weiter in der Ecke, wo es keiner sieht.«

Liesel holte leise die Schere.

»Die Gertrud ist eingeschlafen«, sagte sie, »es war ihr zu heiß.«

Jeder fing an seiner Seite an, die Ranken fortzuschneiden, und wirklich, wenn man dicht am Boden schnitt, hatte man bald ein gar nicht ganz kleines Loch in der Hecke zustande gebracht.

»Das reicht«, sagte Liesel.

»Na gut. Aber wer soll nun durchkriechen? Du heraus oder ich hinein?«

»Keiner!«, entschied Liesel. »Wir legen uns auf den Bauch und unterhalten uns durch das Loch. Sobald die Gertrud ruft, musst du still sein, und ich muss weg.«

Sie krochen jeder so weit unter die Ranken, wie es nötig war, damit sie leise sprechen konnten. Zum ersten Mal sahen sie sich von nahem.

»Ich bin jetzt zwölf«, sagte Hans.

»Und ich werde es im Herbst«, erwiderte Liesel »wenn du deine Kühe im Stall lässt. Was tust du eigentlich dann? Und im Winter?«

»Ich hab einen alten Onkel, der lesen und schreiben kann, weil er eigentlich Pfarrer werden wollte. Der bringt mir das bei. Außerdem muss ich natürlich meinem Vater helfen. Aber ich will weg.«

»Weg? Wohin? Und wann?«

»Das weiß ich alles noch nicht. Manchmal träume ich, dass ich in einem Boot auf dem großen Fluss forttreibe. In eine andere Stadt.«

»Und warum willst du nicht in unsere Stadt kommen?«

»Weil es hier keine – keine Universität gibt.«

Inzwischen wusste Hans nämlich, dass man eine Hohe Schule so nannte. Dann fragte er höflich dagegen: »Und was machst du im Winter?«

»Dasselbe wie im Sommer, nur bin ich mehr drinnen. Ich helfe in der Küche und in der Wäschekammer, und ich sitze am Spinnrad. Ich muss das ja lernen, für später. – Was ist eine Universität?«

»Eine Hohe Schule, an der man alles lernt, was die Leute früher einmal gedacht und geschrieben und gedichtet haben«, erklärte er und setzte zögernd hinzu: »Für mich wäre sie ein Eingang zu einem eigenen Reich.«

»Zu einem Königreich?«

Der Hans lachte leise. »Wenn du es so nennen willst …«

»Ich werde meinen Vater fragen, was eine Universität ist. Weiß dein Vater, dass du wegwillst?«

»Nein. Und ich muss es auch heimlich tun.«

»Lie – iese!«

»Das ist die Gertrud! Sei leise!«

Liesel kroch geschickt unter der Hecke zurück und rief: »Ich komme!«

Sie winkte ihm noch einmal zu und verschwand.

Ein bisschen Lesen, ein bisschen Schreiben …

Der Vater wunderte sich zwar über Liesels Frage, aber er erklärte ihr doch, was eine Universität war. Eine Hohe Schule, an der junge Burschen studieren konnten, um hinterher eine nützliche Beschäftigung auszuüben. Als Jurist oder Arzt zum Beispiel oder als Geistlicher.

»Und eine Universität ist nur für Männer da?«

Der Vater lachte herzlich.

»Aber Liesel«, sagte er »stell dir einmal eine Frau als Rechtsrat vor oder bei einem Medizinstudium. Nein! Und die Theologie ist ohnehin nur etwas für Männer; denn nur Männer können Geistliche werden. Das ist ein Gesetz der Kirche, und auch, dass sie nicht heiraten dürfen. Es treten aber auch viele gebildete junge Männer in den geistlichen Stand, weil sie sich dann um eine Pfründe, um eine wirtschaftliche Versorgung, bemühen können. Denn was könnten sie sonst werden? Hofmeister, Schullehrer, Schreiberlinge – Hungerleider! Nein, ich verstehe es, dass viele Humanisten sich weiter an die Kirche halten, auch wenn sich gegenwärtig da vieles ändert.«

»Was sind Humanisten?«, fragte Liesel.

»Das sind Leute, die die sogenannte Artistenfakultät durchlaufen und die Sieben Freien Künste studiert haben. Dazu gehört vor allem Latein, manchmal auch Griechisch; dann die Redekunst, die Rhetorik, weiter die Dichter und Philosophen der Antike, dazu Geschichte und Geographie, aber auch Mathematik und sogar Astronomie. Ich habe selbst mal bei diesen »Artisten« hereingerochen. Interessant ist das schon. Aber wenn man nicht hinterher noch Jura oder Medizin studiert oder eben geistlich wird, ist es eine brotlose Kunst.«

Doch Liesel hatte ihre eigenen Gedanken. Das hörte sich zwar alles sehr nach Hans' Königreich an; aber ob der wohl wusste, dass er in ihm keine Reichtümer würde ansammeln können? Dass er vielleicht geistlich werden musste und nicht heiraten durfte? Dann schrak sie unter dem prüfenden Blick des Vaters zusammen.

»Ach, ich meine ja nur!«, sagte sie rasch. »Gibt es übrigens jemanden, bei dem ich lesen und schreiben lernen könnte?«

Der Vater schüttelte den Kopf, aber dann überlegte er doch.

»Du bist wirklich für seltsame Fragen gut, Kind. Aber meinetwegen, gegen ein bisschen Lesen und Schreiben habe ich nichts. Das kann sogar nützlich sein. Heutzutage lassen viele Bürger auch ihre Töchter unterrichten, das ist auch so ein Zug der Zeit. Rechnen müsste übrigens auch dabei sein, falls du später einmal bei der Verwaltung deines Besitzes mitreden willst. Doch – darüber lässt sich reden!« Liesel saß mucksmäuschenstill. Konnte es etwa sein, dass in Hans' Königreich auch Mädchen Zutritt hatten?

»Und – wer könnte mich unterrichten?«

»Es gibt eine kleine Lese- und Rechenschule in der Stadt; der Rat hat ein Auge auf sie. Es müsste eigentlich auch eine gute Lateinschule für unsere Buben eingerichtet werden, damit sie nicht in andere Städte abwandern; ich will da einmal einen Vorstoß unternehmen. Aber das wäre sowieso nichts für dich.«

»Und warum nicht?«, fragte Liesel.

»Weil eine Lateinschule auf die Ausbildungen vorbereitet, von denen wir eben sprachen. Auf Ausbildungen für Männer. Und weil eine Frau ins Haus gehört.«

Na klar!

Na klar, dachte Liesel. Nicht einmal in einem so bescheidenen Reich war ein eigener Platz für Mädchen. Da hatte es jede Handwerkersfrau besser.

»Ich denke«, schloss der Kaufmann, »ich beauftrage den Schullehrer, den wir am Ort haben, mit einem privaten Unterricht für dich, hier im Hause.«

Dumme Liese!

Das Loch in der Hecke wuchs nun nicht wieder zu. Wenn einer der beiden gerade Zeit und Gelegenheit dazu hatte, schnitt er oder sie die Ranken zurück und sie unterhielten sich immer wieder einmal.

Liesel konnte inzwischen ganz ordentlich lesen und schreiben; sie kannte sich jetzt auch mit Geld aus und konnte rechnen. Das war nützlich; manchmal holte sie der Vater jetzt sogar ins

Kontor und es machte Spaß, viel mehr Spaß als die Arbeit in der Küche.

Der Hans erzählte dagegen von den wunderbaren Dingen, die er selbst lernte. Denn er konnte inzwischen auch Latein. Das hatte ihm auch der alte Onkel beigebracht; aber sein Vater wusste noch immer nichts davon. Ein richtig schlechtes Gewissen hatte der Hans dennoch nicht; denn er hatte zwei ältere Brüder, die dem Vater halfen. Da war er selbst übrig.

»Weißt du denn jetzt auch schon mehr über dein Königreich? Willst du später einmal Jurist werden? Oder Arzt? Oder – Geistlicher?«

»Ach –«, sagte Hans und wischte das alles mit der Hand fort. »Danach frage ich jetzt nicht. Erst will ich mehr lernen und wissen.«

Der Sommer, in dem Hans schon fünfzehn war und Liesel es erst wurde, war wieder heiß. Die Stachelbeeren waren groß und süß, und wieder waren Liesel und Gertrud bei der Ernte.

»Der Hüte-Hans steht da, so lang wie er ist, auf seinem Hügel, als hätte er es geradewegs auf dich abgesehen«, sagte Gertrud missbilligend. »Er ist ja wohl ein ordentlicher Junge; aber das muss er doch wissen, dass das nun wirklich unmöglich ist.«

Auch Liesel hatte verstanden, dass der Hans ihr eine Botschaft geben wollte. Aber wie sollte das gehen, wenn Gertrud dabei war? Sie musste sich etwas einfallen lassen. Verstohlen nahm sie ihr kleines goldenes Armband, das Geschenk des Vaters zum letzten Geburtstag, vom Handgelenk und ließ es in ihre Tasche gleiten. Gertrud hatte es nicht bemerkt, und als Liesel vor der Haustür erschrocken rief: »Mein Armband! Ich habe es im Garten abgemacht und jetzt liegt es auf der Bank!« – da sagte sie: »Dann lauf halt zurück und hol es! Das kommt von der Schusselei. Eigentlich müsste ich mit zurück, aber bei den paar Schritten kannst du wohl selbst auf dich aufpassen.«

Liesel hatte ein schlechtes Gewissen. Aber sie hatte gemerkt, dass es dringend war. Und richtig stand der Hans schon im Garten drin, dicht an der Hecke – fluchtbereit, falls sie nicht alleine kam. Er musste ordentlich an den Ranken herumgesäbelt haben.

»Was ist?«, fragte sie atemlos.

»Es ist soweit! Heut Nacht geht ein Boot und es lädt bei uns etwas ein. Ich habe alles vorbereitet, aber niemand darf etwas wissen.«

»Nur ich?«

»Nur du.«

»Und wann kommst du wieder?«

»Wenn ich mir mein Reich erobert habe«, sagte Hans mit großer Selbstverständlichkeit.

»Ach so!«

Unschlüssig sahen sie sich an. Dann zog er sie heftig an sich, doch sie entwand sich ihm.

»Nicht!«, sagte sie mit wild klopfendem Herzen.

Er besann sich.

»Leb wohl!«, sagte er leise und rau. »Irgendwann komme ich wieder. Aber es ist wohl besser, du vergisst mich!«

Beinah hätte Liesel das Armband jetzt wirklich verloren, denn es war aus ihrer Tasche gerutscht. Aber der Hans hob es ihr auf.

»Dumme Liese!«, sagte er, aber seine Stimme strafte diese Worte Lügen.

Die Freier

Weiter!

Kannst du dich noch an das alte Kindergedicht von der dummen Liese erinnern, Rebekka? Von der Liese, die auf der grünen Wiese sitzt und auf einen Freier wartet? Es passt gar nicht schlecht zu der Geschichte von unsrer Liesel, und da der Hans nun eben »Dumme Liese!« gesagt hat, wollen wir mal sehen, was in dem Gedicht steht. Aha:

Kommt ein Reitersmann daher auf der grünen Wiese,
Hat ein Wams von Seide an …

Na, da bin ich gespannt.
Die Zeit verstrich und Liesel führte ihr bisheriges Leben weiter. Von Hans hörte sie nichts; aber das konnte ja auch gar nicht anders sein. Denn wenn man auf der Suche nach einem Königreich war, dann konnte man nicht gut Zwischenbescheide geben. Und wohin hätte er sie auch schicken sollen? In einen Garten, dessen heimlicher Zugang allmählich wieder dicht von dornigen Ranken verschlossen wurde?
Liesels Vater dagegen machte sich nun daran, einen Freier für seine Tochter zu suchen, und er hatte dabei seine eigenen Vorstellungen. Dass der junge Mann wohlgeraten sein musste, verstand sich von selbst. Schließlich war Liesel ein hübsches, lustiges und gescheites Mädchen, wenn sie auch neuerdings ganz unerwartet ein bisschen still werden konnte. Aber das war wohl so in dem Alter. Sie hatte bei Gertrud die Wirtschaft gründlich gelernt; außerdem konnte sie gut lesen, schreiben und rechnen und auch hübsch die Laute spielen. Da konnte sich ein künftiger Ehemann beglückwünschen. Er konnte zudem auf eine gute Mitgift und später auf eine Erbschaft rechnen. Bis dahin aber hatte er, der Vater, mit dem Schwiegersohn auszukommen. Nein, es lohnte sich schon, die Augen weit aufzumachen.
Und siehe da, es stand schon jemand bereit! Eines Tages sagte der Vater eher beiläufig, morgen werde sich zu der üblichen Herrenrunde im Speisezimmer ein neuer Gast einfinden. Als Liesel daraufhin aber nur die Zahl der Gäste wiederholte und verschwinden wollte, setzte er hinzu:

»Er ist ein junger Herr aus einer ritterlichen Familie, ein jüngerer Sohn, und er hätte wohl nichts dagegen, sich hier in der Stadt einzurichten. Die Verbindungen seines Hauses könnten allen Teilen sehr nützlich sein.«

Liesel nickte und verschwand nun wirklich; aber dummerweise hatte die Gertrud gehorcht. »Ein junger Herr!«, sagte sie. »Wir müssen wohl dein gutes Kleid aufbügeln. Aber damit wird's nicht mehr lange getan sein.«

Jetzt begriff auch Liesel, was gespielt wurde.

Herr Konrad von Liebenfels hatte viel strohblondes Haar auf seinem Kopf, und außerdem war er so prächtig in hellblaue Seide gekleidet, dass man vermuten musste, seiner Familie sei sehr an einem günstigen Eindruck im Hause des angesehenen Kaufherrn gelegen.

Mehr als einen flüchtigen Blick aufeinander gab es für beide an diesem Abend nicht; aber dann ging es mit unerhörten Veränderungen weiter. Das Nächste war eine Besprechung zwischen Vater und Gertrud, zu der Liesel erst am Ende hinzugezogen wurde.

»Du bist jetzt erwachsen, Liesel«, sagte der Vater. »Und Gertrud macht mich mit Recht darauf aufmerksam, dass du nun anders gekleidet, überhaupt anders ausgestattet werden musst als bisher. Wir wollen die Base um Rat fragen.«

Die Base war eine nicht sehr geliebte Tante, die gottlob nur selten im Hause auftauchte. Aber jetzt wurde sie eigens eingeladen, und das Ende vom Liede war, dass Liesel sich in einem wunderbaren Seidenkleid mit weitem Ausschnitt, über dem ein brokatenes Miederjäckchen zu tragen war, wiederfand. Oberteil und Mieder lagen knapp an und waren mit Borten aus Samt und Damast besetzt; der hochgegürtete Rock fiel weit und schwer bis zum Boden. Liesel fühlte sich hilflos und zugleich ein bisschen berauscht.

Es war nun nicht mehr seltsam, dass am Tage nach der letzten Anprobe ein großer Tanz im Gildesaal der Kaufmannschaft stattfinden sollte, und Liesel wunderte sich auch nicht mehr, als am Nachmittag die Kammermagd der Tante erschien und sie vor einen Spiegel setzte.

»Dein Vater will alles vom Besten haben«, sagte sie. »Du hast es gut.«

Atemlos sah Liesel zu, wie ihr Haar, halb geflochten, halb hochgebauscht, in eine große Frisur gelegt wurde, die nun mit einem Reif aus Goldblech gehalten und dann mit Goldfäden und Seidenbändern so lange durchzogen wurde, bis sie dicht um Kopf und Gesicht lag. Nur die hohe Stirn blieb frei. Die Zofe zog sogar die Augenbrauen ein wenig nach. Es dauerte eine Weile, bis Liesel sich darauf besann, dass das alles einem allzu blonden jungen Ritter zuliebe geschah.

Zum Tanz wurden sie und ihr Vater von diesem begleitet, und Liesel merkte genau, wie die ganze Gesellschaft die Köpfe zusammensteckte und dann höfliche Mitfreude zeigte.

»Ein schönes Paar, eine glänzende Verbindung!« – Natürlich, das dachten sie. Doch an diesem Abend wusste Liesel schon, dass der junge Mann innerhalb seines Kopfes womöglich noch mehr Stroh hatte als obendrauf. Das änderte nichts daran, dass Kleid und Frisur wunderbar gewesen waren. Aber sie musste nun nachdenken. Am nächsten Tag schützte sie bei Gertrud eine Arbeit im Garten vor, wies dort der jungen Magd, die sie begleitet hatte, eine Beschäftigung beim Gartenhäuschen zu und setzte sich in den Schatten der Hecke. Vorsichtig hob sie die Ranken an. Das Loch war fest zugewachsen.

Ein Leben mit Herrn Konrad von Liebenfels konnte trotz allem seine Vorteile haben – aber selbst wenn nicht, was hatte sie gegen ein solches Leben zu setzen?

Sie sah wieder den Hans vor sich, den schmalen Jungen mit dem dunkelblonden Haarschopf über dem sonnenverbrannten Gesicht und den hellen Augen. Sein ganzer Körper war gespannt gewesen – von der Erwartung des Abenteuers, das vor ihm lag.

Jäh wurde sie aus ihren Gedanken gerissen. Sie hörte Hufgetrappel und gleich darauf saß jemand vor der Gartenpforte ab.

Liesel spähte durch die Hecke. Ein Schimmel, natürlich. Und dann kam es hellblond auf sie zu. Und sehr hellblau.

Das, was jetzt geschah, lassen wir uns kurz von unserem Kindergedicht erzählen:

… hat ein Wams von Seide an, neigt sich vor der Liese.
»Jungfer lieblich, Jungfer schön, tanzen wir ein wenig?«

Vorbei der Traum, wenn es denn einer gewesen war. Liesel wusste, was sie dagegenzusetzen hatte. Sie machte einen leichten Knicks und sagte:

»Mag nicht tanzen, danke schön,
Wart auf einen König!«

Natürlich sagte sie es ein bisschen anders, aber du weißt schon, was ich meine. Es dauerte eine ganze Weile, bis Herr Konrad begriffen hatte, dass dies wirklich ein Korb war. Erst dann klappte die Gartentür hörbar zu, der Zügel wurde gelöst und ein sehr zorniger Reitersmann gab seinem Pferd die Sporen.

Sprengt der Reitersmann davon durch die grüne Wiese …

Und dann? Weiter!
Aha, da haben wir's schon:

Kaufherr naht mit stolzem Schritt,
Neigt sich vor der Liese …

Der Vater war nicht ganz so verärgert, wie Liesel es befürchtet hatte. Aber sie wusste, dass er weiter suchen würde und dass es

125

gar keinen Sinn gehabt hätte, ihm von dem Hütejungen zu erzählen, der vor einem guten Jahr aufgebrochen war. »Es ist am besten, du vergisst mich!«, hatte er obendrein gesagt. Nein, davon erzählte sie ihrem Vater besser nichts. »Dumme Liese«? Ja, das war sie wohl.

Es dauerte eine Weile, bis es wieder ernst wurde und in dieser Zeit konnte Liesel ihr schönes neues Kleid ein paarmal ganz arglos und vergnügt beim Tanz im Gildehaus ausführen. Es machte Spaß, hübsch zu sein – und es machte Spaß, reich zu sein.

Aber Liese war nicht erstaunt, als sie dann doch einmal mit einer eher zufälligen Bestellung ins Kontor gerufen wurde und dort einen anderen jungen Mann vorfand. Das hieß, er war vielleicht nicht mehr ganz so jung wie der flotte Reitersmann; aber dafür hatte er in seinem geräumigen Kopf ganz offensichtlich kein Stroh: Herr Melchior Gelbrugg war ebenso offensichtlich ein Mann, der wusste, was er wollte. Außerdem, da war sich Liesel rasch sicher, war ihm das, was er wollte, wichtiger als die Mittel, die er anwandte. Aber wenn er es erreicht hatte, auch das ließ sich vorstellen, dann kam es ihm nicht auf ein bisschen Großzügigkeit an. Ein harter Mann? Ein erfolgreicher Mann.

Als der Gast wieder fort war und Liesel mit dem Vater beim Abendbrot saß, ging diesem der Mund voller Lob über. Einen so tüchtigen Geschäftspartner habe er noch nie erlebt! Es müsse ein Vergnügen sein, mit dem Mann zusammenzuarbeiten. Übrigens habe er ihn für den Sonntag zum Mittagessen eingeladen; da könne Liesel zeigen, was sie bei Gertrud gelernt habe. Ein gebratener Kapaun mit Pflaumenfüllung war vielleicht kein schlechter Gedanke. Und ein Mandelstrudel zum Nachtisch? Diesmal war also ein deutlicher Wunsch des Vaters im Spiel; das machte die Sache schwierig. Liesel überließ den Kapaun vorsichtshalber Gertrud und beschränkte sich auf den Mandelstrudel.

Aber Melchior Gelbrugg hätte auch einen weniger gut geratenen Kapaun geschluckt. Er war so aufmerksam, wie Liesel es sich nur wünschen konnte, und sie kam ernsthaft ins Überlegen.

Es wurde für den übernächsten Tag ein Treffen zu einem Glase Wein vereinbart. Draußen im Garten. Zu dritt. Diesmal wollte der Vater die Entscheidung also nicht mehr Liesel allein überlassen. Und richtig, ehe sie zum Garten aufbrachen, rief er sie ins Kontor.

»Heute liegt mir wirklich an der Verbindung, Kind«, sagte er. »Eine solche Partie kann ich dir so leicht nicht wieder bieten. Du wärest die Frau eines großen Kaufmanns. Und ich will nicht verhehlen, dass sich mit ihr für mich selber sehr reizvolle Möglichkeiten eröffnen würden.«

Er sah Liesel an, die langsam ihre Finger ineinander verflocht.

»Es wäre übrigens auch eine Verbindung, die dir große Freiheit ließe«, fügte er hinzu. »Du könntest dich an manches auch gewöhnen.«

Aber nicht an seine kalten Augen, dachte Liesel. Sie hörte wieder den Ton in Hansens Stimme, als er »dumme Liese!« gesagt hatte. Diese Stimme würde ihr an Herrn Melchiors Seite keine Freiheit der Welt zurückbringen. Und der Hans hatte ihr das goldene Armband mit einer so lässigen Geste zurückgegeben, als sei alles Gold dieser Welt in Wahrheit nur Blech.

Aber das konnte sie nicht sagen. Sie blieb stumm.

»Willst du denn wieder nicht, Kind?« Der Vater schien ratlos und enttäuscht. »Worauf wartest du denn?«

Beinah hätte Liesel gesagt: »Auf einen König«, aber sie biss sich noch rechtzeitig auf die Lippen.

»Er ist so kalt, Vater«, sagte sie dann doch.

»Das ändert sich, wenn ihr euch näher kennen lernt. Vertrau da auch auf dich selbst! Nun, wie steht's?«

Es war jetzt fast drei Jahre her, dass der Hans fortgegangen war. Es konnte ihm ja auch etwas zugestoßen sein – oder er hatte eine andere gefunden. »Am besten, du vergisst mich!« Noch ein Jahr – dann konnte sie wohl aufhören, von ihrem König zu träumen.

»Übers Jahr will ich mich entscheiden«, sagte sie. »Gib mir so lange Zeit.«

Der Vater seufzte. »Warum erst dann? Nun gut; aber sag ihm das selber, und sag es geschickt!«

Herr Melchior wartete schon am Garten und half zuvorkommend, den Korb mit Wein und Kuchen in das Gartenhäuschen zu tragen. Man trank sich zu, spazierte im Garten auf und ab und dann kam es:

»Jungfer lieblich, Jungfer schön,
Tanzen wir ein wenig?«

Und wieder die Antwort:

»Mag nicht tanzen, danke schön,
Wart auf einen König!«

Wieder hörte es sich natürlich anders an: Liesel bat niedergeschlagenen Auges um Wartezeit bis übers Jahr. Sie wisse die Ehre zu schätzen – aber es komme alles so unerwartet …

Herr Gelbrugg verneigte sich mit knapp bewahrter Höflichkeit; aber er machte gute Miene zum halbguten Spiel.

Auch der Kaufherr zieht davon durch die grüne Wiese …

Diesmal blieb Liesel mit wirklich widerstreitenden Gefühlen zurück. Sicher – für den Augenblick war sie davongekommen; und was sie wirklich tat, wenn der Hans bis übers Jahr nicht da war, das brauchte sie jetzt noch nicht zu bedenken. Was sie tat, falls er doch kam, das war übrigens auch nicht viel klarer. Denn was konnte er schon mitbringen, das ihr einen Platz auf einem

Königsthron an seiner Seite bot? Und was war dann? – Fragen wir unser Gedicht!

Schneiderlein mit leichtem Schritt
Neigt sich vor der Liese …

Ein Schneiderlein? Was machen wir mit einem Schneiderlein, Rebekka?
Das lassen wir weiterziehen. Die Liesel hat ja doch nur den Hans im Kopf; was soll sie da mit noch einem Freier?
Na gut. Obwohl er wahrscheinlich der netteste von den dreien ist. – Was also kommt nun? Wir wissen es schon:

Liese wartet Jahr und Tag auf der grünen Wiese,
Doch kein König kommen mag, der da spricht zur Liese:
»Jungfer lieblich, Jungfer schön, tanzen wir ein wenig!«

Kommt der Hütebub daher …

Ziemlich genau um die gleiche Jahreszeit, in der er fortgegangen war, kam der Hans zurück. Wieder war es ein heißer Sommertag und wieder war Liesel im Garten. Allein. Denn die Gertrud war krank und Liesel hatte die Magd mit dem Handkarren vorausgeschickt. Warum, das hätte sie nicht sagen können. Der Hans musste sie von draußen erspäht haben, aber er kam nicht an die Hecke. Vielmehr trat er mit schnellem, selbstverständlichem Schritt an die Pforte und klinkte sie auf. Ehe Liesel noch ganz begriffen hatte, was geschah, hatte er die Tür hinter sich geschlossen und kam rasch auf sie zu.
»Liesel!«, sagte er fast ungläubig. »Da bist du ja wirklich. Und ich dachte, es könne dich gar nicht mehr geben. Nicht mehr hier!«
Er war noch hübscher geworden als damals bei seinem Ab-

schicd, schmal und dunkel. Und er trug keinen Bauernkittel mehr, sondern ein knappes Habit und darüber einen weiten, faltigen Mantel, wie Liesel ihn von den akademischen Herren der Stadt her kannte. Das Gesicht unter dem Barett war nicht mehr so sonnenverbrannt wie früher; aber er hatte noch immer wunderschöne Augen, helle und sehr nachdenkliche Augen.

Doch es lag jetzt vieles in ihnen, das in den Augen des Hütebuben noch nicht gelegen hatte – und darunter etwas, das vermuten ließ, er habe sein Königreich gefunden. Liesel sah es sofort.

»Hans!«, sagte sie leise und setzte wie selbstverständlich hinzu: »Hast du dein Königreich gefunden?«

»Mein Königreich?« Er stutzte. Dann begann er zu lachen. »Ja, richtig, das habe ich damals gesagt. Ob ich es gefunden habe?« Er überlegte einen Augenblick. »Ja«, bestätigte er dann. »Ich habe es gefunden.«

»Und –?«, fragte Liesel so direkt, als könne er wissen, was an dieser Antwort alles hing. Oder wusste er es am Ende?

»Ich habe es gefunden«, wiederholte der Hans, doch diesmal zögerte er. »Aber es hat einen Preis.«

»Und welchen?« An Fragen nach dem Preis war Liesel inzwischen gewöhnt.

Der Hans antwortete langsam: »Ich habe eine Stelle, sogar eine sehr gute Stelle«, sagte er, und dann kam der Satz, der kommen musste: »Aber es ist eine Stelle bei einem Bischof, einem Kardinal sogar; er will mich als Sekretär einstellen, und dazu muss ich geistlich werden. Nicht sofort, aber auf die Länge doch.«

»Willst du denn geistlich werden?«, fragte sie schließlich. »Ich meine: Willst du es gern werden?«

»Nein!«, sagte er heftig. »Und jetzt – grade jetzt schon gar nicht. Aber wie sollte ich in diesem meinem Reich, wenn du es unbedingt so nennen willst, wie sollte ich also mit dem, was ich gelernt habe, mein Brot verdienen?«

130

»Muss es denn ein Bischof sein, der es dir gibt?«

»Nicht notwendig«, erwiderte der Hans. »Es könnte auch ein reicher weltlicher Herr sein, der seine Söhne von einem Magister der Freien Künste, wie ich es jetzt bin, unterrichten lässt. Ich habe auch da ein Angebot und nähme es gerne an; denn es macht Spaß, sein Wissen weiterzugeben. Aber das wären nur ein paar Jahre am Hofe und auf Reisen, und dann? Als Hofmeister lebt man unsicher. Und auch allein.«

Doch nun fragte der Hans.

»Was machst du denn hier? Du musst doch inzwischen verheiratet sein!«

Aber Liesel schüttelte den Kopf.

»Ich wollte nicht«, sagte sie leise.

Diesmal war es der Ton in *ihrer* Stimme, der ihn aufhorchen ließ. »Ich hatte dir doch gesagt, du solltest mich vergessen!«

»Ich konnte nicht, Hans!«

Und nun? Fragen wir unser Gedicht:

> Kommt der Hütebub daher, Johann Christoph Stoffel,
> Hat nicht Schuh' noch Strümpfe an, trägt nur Holzpantoffel –

Aber das stimmt ja nun nicht mehr! Schade!

> Kommt der Hütebub daher, Johann Christoph Stoffel,
> Hat nicht Schuh' noch Strümpfe an, trägt nur Holzpantoffel.
> »Lieber Stoffel, tanz mit mir auf der grünen Wiese!«
> Und der Stoffel tanzt mit ihr, mit der dummen Liese.

Ich bin ein Humanist und will es bleiben.

Anfangs sah es nicht so aus, als wolle die Geschichte eine gute Wendung nehmen. Denn als Liesel zu ihrem Vater ging und ihm sagte, sie wolle Herrn Melchior Gelbrugg auf keinen Fall heiraten, lieber werde sie in ein Kloster gehen – da fragte der Vater messerscharf: »Du hast einen anderen, ich habe es die ganze Zeit über geahnt. Wen?«

Als er die Antwort erhalten hatte, erlebte Liesel den ersten Ausbruch eines schweren, leidenschaftlichen Zorns und zugleich einer maßlosen Enttäuschung an ihrem Vater. Der Zorn war schlimm genug, aber die Enttäuschung war noch viel schlimmer.

»Das ist mit mir nicht zu machen, Liesel!«, sagte der Vater schließlich. »Entweder Herrn Gelbrugg oder wirklich das Kloster. Etwas Drittes gibt es nicht.«

»Der Hans lässt fragen, ob er dich sprechen darf, Vater.«

»Mich sprechen? Ist der Bursch bei Verstand?«

Doch dann überlegte der Vater. »Lass ihn kommen. Gesehen haben will ich ihn. Wiedergesehen. Natürlich, er hat ja immer schon in unseren Garten geschaut. Natürlich, daher!«

War es das akademische Gewand des jungen Magisters oder war es die lässige, fast spöttische Würde, mit der er es trug? Jedenfalls bot der Kaufherr seinem Besucher einen Sessel an, statt ihn im Stehen abzukanzeln.

»Ihr seid der Hüte-Hans von früher«, sagte er. »Und Ihr wollt mich wegen meiner Tochter sprechen? Bange seid Ihr nicht?«

»Und wenn –«, antwortete der Hans. »Ich kann die Liesel diese Sache nicht allein austragen lassen. Und ich will nicht, dass sie meinetwegen ins Kloster geht.«

»Da wären wir uns sogar einig«, knurrte der Kaufmann. »Aber, um Gottes Willen, was denkt Ihr Euch?«

Der Hans umriss knapp seine Lage. »Ich habe eine feste Aussicht auf eine Stelle als Sekretär bei einem Bischof, einem Kardinal, und damit auf eine Laufbahn in der Kirche, welcher Art auch immer. Aber Ihr wisst, was das bedeutet: Ich müsste geistlich werden.«

Der Kaufmann wiederholte die Frage seiner Tochter: »Würdet Ihr gerne geistlich?«

Der Hans schüttelte den Kopf. »Lieber bliebe ich weltlich.«

»Wegen der Liesel?«

»Jetzt gerade ja«, gab der Hans ehrlich zu. »Aber nicht nur ihretwegen. Ich würde gerne lehren, unterrichten, mein Wissen weitergeben.« Und mit einem unerwarteten Lächeln setzte er hinzu: »Ich habe einen Lehrer gehabt, einen großen Gelehrten, der hat mir gesagt: ›Gleich nach dem Amt des Königs kommt im Gemeinwesen das Amt des Erziehers.‹«

»Ein schönes Wort«, sagte der Kaufmann mit beißendem Spott.

»Ein wahres Wort!«, versetzte der Hans leidenschaftlich.

Einen Augenblick lang maßen sich ihre Blicke. Dann lehnte sich der Kaufmann zurück.

»Das Erziehen ist eine brotlose Kunst«, sagte er und wartete auf die Antwort. Wenn der junge Mann von einem Kardinal zum Sekretär vorgesehen war, konnte er nicht ganz dumm sein.

Doch der Hans schwieg.

»Könntet Ihr denn nicht weiter studieren und dann zum Doktor der Rechte promoviert werden? Dann sähe manches anders aus.«

»Nein«, sagte der Hans ruhig. »Ich könnte es zwar, aber ich will es nicht. Ich bin Humanist und will es bleiben. Und bis gestern war das nur meine eigene Sache. Aber nun?«

Er sah den Kaufmann überlegend an. »Es gibt für den Augenblick nur eine Möglichkeit: Ich werde mich nach der Stelle eines Rektors an einer Lateinschule umsehen. Nur – die Herren im Rat der Städte nehmen lieber ein Stadtkind als einen Fremden. Und diese Stadt hier hat ja noch nicht einmal eine Lateinschule!«

Fast wäre der Kaufmann schuldbewusst zusammengezuckt. »Wohl wahr!«, gab er zu.

133

»Aber selbst wenn sie sie hätte, würde sie keinen Bauernsohn einstellen.«

Der Kaufmann nahm das leichter, als der Hans gedacht hatte. »Ihr habt Recht mit der Lateinschule, es ist eine Schande, und ich will mich endlich in der Sache bemühen. Und das andere: Mein Großvater war auch ein Bauernsohn.« Er seufzte. »Unsere Zeit ist offen, das bekomme ich täglich zu spüren. Aber warum muss ausgerechnet ich als Einfallpforte für etwas so Neues herhalten? Schulrektor, sagt Ihr. Eine Rektorsstelle ist knapp besoldet.«

»Ich weiß. Mir macht das nichts aus; ich bin immer arm gewesen. Aber die Liesel ist es nicht gewöhnt. Und ich mag sie nicht der Armut aussetzen. Sie würde sich schwer damit tun.«

»Da bin ich nicht so sicher«, sagte der Kaufmann langsam. »Genau darüber werde ich mit ihr sprechen.« Er lächelte nun seinerseits unerwartet. »Sie hat etwas von einem Königreich gesagt. Es scheint ja wohl ein Königreich zu sein, aus dem Ihr Euch nicht vertreiben lassen wollt.«

»Ja!«, sagte der Hans, »und die Liesel weiß das.«

»Seid Ihr es gewesen, der sie nach den Universitäten hat fragen lassen? Dem zuliebe sie lesen lernen wollte?«

»Vielleicht!«, erwiderte der Hans strahlend.

»Dumme Liese! Sie bekommt ihre Mitgift«, sagte der Kaufmann, »aber bis auf weiteres keinen Pfennig mehr. Erst will ich sehen, was Ihr taugt. Und einen Teil meines Vermögens werde ich nun in einer Stiftung anlegen!«

»In einer Stiftung für eine gute Lateinschule?«

Der Kaufmann erhob sich. »Es reicht!«, sagte er halb lachend, halb zornig. »Ich will mir meinen Ärger durch keinen noch so guten Einfall abkaufen lassen!«

Und – wie ging es weiter?

Nun, ich denke, die Hochzeit wurde trotz allem mit ziemlich großer Pracht gefeiert.

Und dann?

134

Dann musste die Liesel zusehen, wie sie sich im Königreich ihres Mannes zurechtfand, in dem sie ja keinen eigenen Platz hatte. Davon werden wir noch hören.

Die frühe Neuzeit: Ein Mädchen darf – wenn es will und kann. Oder?

Leider geht es weiterhin ums Geld

Das war nun keine »große« Geschichte, Rebekka, die Geschichte von Hans und Liesel, und sie war nur ausgedacht. Aber sie könnte sich so oder so ähnlich am Beginn der Neuzeit öfters zugetragen haben. Man nennt diese Zeit die des Humanismus, der »Renaissance«, der Entdeckungen und der Reformation. Der Hans war nicht der Einzige, der stolz auf seinem Humanistenthron saß und sich freute, dass er nicht mehr geistlich zu werden brauchte.

Die Macht der Kirche trat damals allgemein zurück; die Menschen wurden sich ihrer selbst bewusst und wollten nun auch selbst entscheiden, was sie denken wollten. Das hieß aber nicht, dass sie weniger fromm gewesen wären als früher, im Gegenteil. Übrigens hat es den Mann, dessen schönes Wort über die Bedeutung des Erzieherberufs der Hans zitiert, wirklich gegeben: Es war der große Humanist und Bibelwissenschaftler Erasmus von Rotterdam. – Aber jetzt sag einmal selbst: was meinst du, wie es in unserer Geschichte weitergeht?

Mit wem? Mit den Mädchen?

Ja, natürlich. Auf die wollen wir ja hinaus.

Das hängt davon ab, wo die Liesel in Hans' Reich sitzt. Heiraten durften sie sich nun also; aber sitzt sie neben dem Hans auf seinem Thron? Oder nur auf den Stufen? Ehe man das nicht weiß, kann man auch nicht sagen, wie es mit den Mädchen weitergeht. Denn wenn bloß einer von beiden König ist …

Genau das ist die Frage, und zwar nicht nur für den Augen-

blick, sondern auch wieder für unsere ganze weitere Geschichte. Und damit zieht auch schon bald eine Frage unserer eigenen Zeit herauf.

Welche?

Die Frage nach der Arbeitsteilung innerhalb einer Partnerschaft. Das heißt, die Frage, wie sich zwei Leute ihr Zusammenleben so einteilen, dass jeder zu seinem Recht kommt. Aber noch ist das Zukunftsmusik; vorerst müssen wir uns die Zeit, die auf das finstere Mittelalter folgt, ganz allgemein ansehen.

Doch du kannst schon einmal zwei Dinge im Kopf behalten. Erstens: Die deutschen Humanisten kannten den Begriff der »gebildeten Ehefrau« und schätzten ihn. Zweitens aber: Der Thron des Hans stand am Abschluss eines ganz bestimmten Weges, der durch Lateinschule und Universität ging und der, wie wir wissen, für die Liesel versperrt war. Woher sollte sie da ihre Bildung nehmen? Und was für eine Bildung sollte es sein? Auch das gehört zu unserer Frage.

Weißt du es schon?

Erst ein Blick in die Runde!

Am wenigsten änderte sich zunächst auf dem Land. Immerhin ließ der wirtschaftliche Druck auf die Bauern etwas nach, und das hatte zur Folge, dass bei ihnen jetzt fast durchweg geheiratet wurde. Zwei Leute brauchte man wenigstens für eine Hofstelle. Aber das Heiraten kostete Geld; denn ein Mädchen brauchte noch immer eine Mitgift oder wenigstens eine Aussteuer. Und wenn der Vater zu arm war, um sie zu bezahlen?

Na?

Dann verdingte sich das Mädchen, wie wir das schon kennen, gegen Lohn bei einem Dienstherren, der ihren Lohn so lange für sie verwahrte und vielleicht sogar schon anlegte, bis das Geld zum Heiraten reichte. Dies ist deshalb eine Zeit, in der nun oft erst mit Mitte bis Ende zwanzig geheiratet wurde, denn es konnte eine Weile dauern, bis die Aussteuer beisammen war. Außerdem musste das Mädchen das Glück haben, dass ihr

Dienstherr nicht in dieser Zeit starb; denn dann war das Geld meist verloren. Eine moderne Sozialversicherung gab es ja immer noch nicht.

Aber es gab schon etwas anderes Modernes, das wir heute als die wichtigste Form der Lohnarbeit kennen: die Arbeit in einem Betrieb, in dem mehrere Menschen, und häufig eben Mädchen, in einem längeren Produktionsvorgang unselbstständig arbeiteten. Im siebzehnten Jahrhundert gab es in bestimmten Bereichen schon eine solche Frühindustrie. Denn die neue Zeit, die zugleich eine Zeit des wirtschaftlichen Aufschwungs war, hatte das Bedürfnis der Menschen nach schönen Dingen gewaltig vorangetrieben.

Zum Beispiel nach Samt und Seide: Dafür mussten kleine Mädchen an Zubern stehen, in denen die Seidenraupenkokons mit heißem Wasser überbrüht wurden, und dann hatten sie die Seidenfäden an den Kokons zu lösen. Später lernten sie auch die Seidenspinnerei und -weberei, und wenn sie zehn Jahre lang in einer solchen Werkstatt gestanden und gearbeitet hatten, ohne an Lungentuberkulose zu erkranken, dann hatten sie nicht nur einen schönen Batzen Geld zusammengespart, sondern sie waren dann auch begehrte Ehefrauen für Männer im Seidengewerbe. Denn sie arbeiteten meist in der Werkstatt ihres Mannes weiter und mehrten so den Wohlstand der Familie, legten vielleicht sogar den Grundstein zu einem größeren Privatbetrieb.

Sehr begehrt bei den Damen und Herren der Renaissance und des Barock waren auch Spitzen. Sie wurden mit der Hand geklöppelt, und je eher ein kleines Mädchen mit dieser Arbeit anfing, desto besser. Die Händchen waren schmaler und geschickter, und es gab – ein immer wieder zu hörendes Argument – bei kleinen Mädchen viel weniger Widerspruch, viel mehr bereitwillige Gelehrigkeit als bei größeren und als bei Jungen.

Das ist aber gar nicht gut!

139

Nein, für *unsere* Vorstellungen bestimmt nicht. Aber früher dachte man so. Zudem lockte bei den Mädchen selbst die Aussicht auf eine gute Mitgift, das heißt auf eine gute Heirat. Mit Spitzenklöppeln konnte man sich notfalls auch als Witwe durchschlagen, obwohl die Löhne niedrig waren. – Wenn du nun aber »Lohnarbeit« und »Industriebetrieb« hörst, was fällt dir dann heute ein?

Na – jetzt gerade wohl am ehesten »Arbeitslosigkeit«.

Ja. Oder »Konjunktureinbruch«. Oder »Rezession«. Oder (keine) Lohnfortzahlung (sondern Entlassung) im Krankheitsfall. Das gab es alles, und wenn eine solche Werkstatt schließen musste, gab es auch für diese Mädchen meist kein Geld.

Aber warum ließ man sich seinen Lohn nicht monatlich geben? Dann hätte man sein Geld doch gehabt.

Damit man nicht jederzeit gehen und zu einem besseren Dienstherren wechseln konnte. Denk aber auch an das Märchen von Hans im Glück. Der bekam seinen Goldklumpen erst am Ende von sieben Jahren Arbeit, ebenso wie die Goldmarie oder eben die Pechmarie bei Frau Holle. Man verdingte sich langfristig. Außerdem gehörte Geld grundsätzlich nicht in die Hände von Mädchen, sondern von Männern.

Auch nicht gut! Aber wenn der Vater eines Mädchens nun reich war und meinetwegen auf einem Schloss wohnte?

Dann gab es andere Probleme. In den oberen Schichten war die Mitgift, die der künftige Schwiegersohn verlangen konnte und verlangte, oft so hoch, dass ein Vater sie sich nur für die älteste Tochter und wohl auch noch für die zweite leisten konnte. Oder vielleicht für die beiden hübschesten.

Und die anderen? Die heirateten dann eben bescheidenere Männer? Denn heiraten mussten sie ja offenbar und aussetzen konnte man sie ja nun nicht mehr.

Leider lag das anders. Unter dem Stande zu heiraten, konnte sich eine solche Tochter nicht leisten; die Familie hätte sich von ihr losgesagt.

140

Aber was tat das Mädchen dann? Verdiente es sich seine Mitgift auch selbst und gab dem armen Papa auf seinem Schloss noch etwas ab?

O nein, das wäre noch viel unstandesgemäßer gewesen. Lohnarbeit für ein Schlossfräulein! Wir haben hier wieder die Frage, die wir vom frühen Christentum her kennen: Was wurde aus den Mädchen, die aus irgendeinem Grunde nicht heiraten konnten, durften oder wollten? Aber jetzt stellte sie sich anders, denn inzwischen hatten sich die Zeiten geändert: Die Klöster waren nicht mehr der selbstverständliche Zufluchtsort; nach der Reformation gab es sie in vielen Ländern gar nicht mehr oder nur in Form teurer Damenstifte. Was also tat ein solches Mädchen?

Na?

Es blieb zu Hause und wurde Tante, jetzt erst richtig. Je weiter auf der sozialen Stufenleiter nach oben, desto mehr unverheiratete Töchter gab es, übrigens bis in unsere Zeit hinein.

Und was taten sie?

Viele von ihnen suchten sich einen eigenen Lebensinhalt, später auch eine eigene – ehrenamtliche – Tätigkeit. Sie lasen und führten eindrucksvolle Briefwechsel, sie unterrichteten, pflegten Kranke oder malten. Vor allem aber: Sie schrieben, entweder eigene Texte oder Übersetzungen, und diese Arbeiten wurden allmählich auch, wenngleich schlecht, honoriert. Manche von ihnen sind später berühmte Schriftstellerinnen geworden. Aber wenn du dir das alles durch den Kopf gehen lässt, dann wird es dich nicht wundern, dass diese Frauen im Laufe der Zeit zum stärksten Motor der modernen Frauenbewegung wurden. Dass sie bald lieber über die Stellung der Frau ganz allgemein als übers Heiraten oder Nichtheiraten nachdachten.

Das wundert mich bestimmt nicht. Da wäre ich auch motorisiert gewesen! Man kann doch nicht einem Mädchen erst sagen: »Tu das und das!« und dann: »Es geht leider nicht – aber wehe, wenn du etwas anderes tust!«

Da haben sich auch Tragödien abgespielt. Aber wiederum gilt:

Noch kannten die Mädchen es nicht anders. Und noch mussten sie alle zusehen, dass sie in irgendeinem Haushalt unterkamen; denn allein zu leben, womöglich allein leben zu wollen, war für eine unverheiratete Frau noch auf lange Zeit eine sehr unschickliche Vorstellung. Das galt selbst im freiheitsliebenden England, in dem doch gebildete Frauen bald schon anspruchsvolle Zeitschriften lasen.

In England war die Zahl der Junggesellinnen besonders hoch, weil der Ausbau des Kolonialreichs die Männer in Scharen nach Übersee zog. Aber auch dort galt weiterhin die Vorstellung, dass nur die Ehe für die Frau eine Erfüllung bringe. Doch am Wohlstand, den Kolonien und andere wirtschaftliche Unternehmungen brachten, konnten die Mädchen durchaus teilhaben. Sie hatten entsprechend der Vermögenslage der Familie einen Anspruch auf Versorgung und sie konnten jetzt selbst Vermögen erben, besitzen und vererben. Verwalten allerdings durften sie ihr Vermögen nicht; das taten ihr Vater oder ihr Bruder, die dann häufig einen Anwalt, den berühmten Familienanwalt englischer Krimis, damit beauftragten. Der konnte gegebenenfalls auch die Rechte der Frau vor Gericht vertreten.

Sobald ein Mädchen aber heiratete, ging ihr Vermögen und alles, was sie sonst an Einkünften besaß, in die Verwaltung, ja in die Verfügungsgewalt des Mannes über. Eine Erbtochter war deshalb nicht nur in Griechenland sehr begehrt.

Je näher freilich die Neuzeit rückte, desto häufiger geschah es, dass Väter nicht nur in England ihr Vermögen wenigstens teilweise lieber in den Händen einer tüchtigen Tochter als eines windigen Schwiegersohnes sehen wollten und entsprechende Regelungen trafen. Diese mussten freilich erst mühsam prozesssicher, das heißt: juristisch unangreifbar gemacht werden; denn auch die Schwiegersöhne oder andere männliche Anwärter auf die Erbschaft waren nicht faul. Es dauerte noch lange, bis sich eine moderne Gesetzgebung der wirtschaftlichen Rechte der Frau annahm; von einem eigenen Zugang zu ihrem Vermögen, von einem eigenen Bankkonto oder auch nur einer Kontovollmacht konnten sie derweil nur träumen.

Dann war das aber gar keine gute Zeit für Mädchen! In irgendeiner Klemme steckten sie doch immer.

Sehr häufig jedenfalls. Ich habe aber eben schon ein bisschen zu weit vorgegriffen, und das, was für England galt, galt nicht unbedingt auch auf dem Kontinent. Nein, ich muss dir jetzt doch erst noch erklären, warum ich meine, dass diese Zeit, die frühe Neuzeit, in vielem sogar eine sehr gute Zeit für Mädchen war. Wenn ein Mädchen wusste, was es wollte und konnte, dann durfte es jetzt vieles. Längst noch nicht alles und nicht überall das gleiche, aber doch vieles.

Na gut, erzähl!

Viele Wege trennen sich

Es fing langsam an. Zunächst einmal wurde seit der Renaissance die Frau auch als eigenständiges Wesen wahrgenommen. Die Blicke der Ärzte und Biologen richteten sich auf ihren Körper, die der Philosophen und Pädagogen bald auf ihren Geist, die der Maler und Dichter auf beides. Einem Mädchen war es nun nicht mehr verwehrt, nach weltlicher Bildung zu streben, so es denn selbst den Weg zu ihr fand oder ihn von den Eltern gebahnt bekam.

Und nicht nur zur Bildung: Wenn es durch Geburt oder Heirat nah genug an einen Herrscherthron gelangte, hatte jetzt niemand mehr etwas dagegen, dass es die Erste neben ihm war oder ihn sogar selbst einnahm. Königinnen wie Elisabeth I. von England, Katharina de' Medici in Frankreich, Christine von Schweden oder Anna Stuart, wieder in England, und schließlich Maria Theresia in Österreich regierten nicht anders als Männer, ob sie nun jungfräulich, männlich, fraulich oder mütterlich genannt wurden.

143

Für die Thronfolge von Maria Theresia musste ihr Vater, Kaiser Karl VI., allerdings erst das Erbfolgegesetz ändern, und man würde es schön finden, wenn er dabei endlich einmal nicht mehr hätte sagen oder denken müssen: »Meine Tochter ist schöner als eure Töchter«, sondern wenn er hätte sagen können: »Meine Tochter ist klüger als eure Söhne!« Leider handelte es sich bei der Konkurrenz um den Thron aber nicht um Neffen, sondern auch »nur« um Nichten, so dass er diesen Ausspruch späteren Vätern überlassen musste. Interessant ist, dass der Kaiser eine kleine, feine Schwelle respektieren musste: Nachfolger in seiner Würde als Kaiser des Heiligen Römischen Reiches wurde nicht Maria Theresia, sondern ein Mann, ihr Gemahl.

Aber wie ging es nun mit den Mädchen weiter, die nicht Fürstinnen waren? Und die meinetwegen auch nicht selber Seide spinnen mussten? Mit denen dazwischen?

Es ging ganz verschieden mit ihnen weiter, je nachdem, wo sie lebten. Denn auch das Mittelalter war nicht von ungefähr zu Ende gegangen und die neue Zeit war nicht einfach nur dagewesen. Vielmehr hatten sich in ganz Europa starke, neue Kräfte einen Weg gebahnt und damit das Leben hier bei uns gewaltig verändert. Natürlich hatte es in Europa immer schon Verschiedenheiten gegeben; aber jetzt konnten sie zu wirklichen Scheidewegen führen.

Und warum das?

Weil sich dieses neue Europa mit sehr viel Gewalt einführte. Zuerst drängten die modernen Staaten unter der Decke der mittelalterlichen Einheit hervor. Frankreich, Spanien, England, Österreich – du kennst die Namen.

Mhm!

Deutschland wurde erst sehr viel später zu einem Nationalstaat – warum, das erfährst du noch in der Schule. Stattdessen gab es hier viele kleine Fürstenstaaten und Städte und über ihnen eben den Kaiser; aber der war mehr eine Symbolfigur. Doch in

Deutschland geschah etwas anderes, etwas sehr Folgenreiches. Dort flammte jetzt der Unmut über schwere Verfallserscheinungen der Kirche in einem großen Protest auf. Der Mönch und Theologe Martin Luther in Wittenberg fasste in einem berühmten Thesenpapier alles zusammen, was zu den Missständen und dem Reformstau an der römischen Kurie zu sagen war und erklärte es öffentlich für unvereinbar mit der Bibel und wahrem Christentum.

Er tat das aus wirklicher Glaubensnot, und weil diese Not von vielen Menschen geteilt wurde, fand Luthers evangelische Lehre bald einen großen Widerhall. Viele deutsche Fürsten und Städte schlossen sich ihr an und bald waren die protestantischen Kirchen vor allem in Mittel- und Nordeuropa auf Dauer verankert. Dabei blieb es auch, als sich in den Ländern, die bei der alten, der katholischen Kirche geblieben waren, ebenfalls umfassende Reformen durchsetzten. – So, das kannst du später noch einmal nachlesen und jetzt vergessen.

Wirklich praktisch. Aber denk an die Mädchen!

Keine Sorge! – Es lassen sich zwar im Nachhinein viele der Risslinien, die zu dieser Glaubensspaltung führten, schon vor ihr ausmachen, und sie durchzogen nicht nur den Bereich der Religion, sondern auch den von Politik und Kultur; aber es ist doch erschreckend, mit welcher Heftigkeit die Gegensätze aufeinander prallten. Vom Dreißigjährigen Krieg, dem verheerenden Glaubenskrieg auf deutschem Boden, hast du vielleicht schon mal etwas gehört; aber man brauchte gar nicht bis zum Ausbruch der Kämpfe zu warten – es wurde schon sehr bald klar, dass es nun für niemanden mehr gleichgültig war, wo er in Europa aufwuchs, ob in England oder Spanien, in Deutschland oder Frankreich, in Österreich, Italien oder Holland, in Polen oder Schweden. Und schon gar nicht für ein Mädchen.

Da wären wir ja! Dann müsstest du mir von den Mädchen in jedem Land einzeln erzählen!

Das würden wir nicht schaffen! Nein, es genügt, wenn wir uns

145

das ins Gedächtnis rufen, was wir ja von Rom her wissen: dass in jedem einzelnen Land die Wechselwirkungen von Religion, Kultur, Gesellschaft, Wirtschaft und auch Klima die Lebensformen bestimmen.

Ich schlage vor, dass wir uns für unsere Geschichte einfach auf zwei Länder beschränken, die nah beieinander liegen und doch sehr verschieden sind; daraus ergibt sich schon fast alles, was uns interessiert. Wir fragen nach den Mädchen in Deutschland und Frankreich und werfen hin und wieder einen Blick nach England. Einverstanden?

Gut, ja. Nach den anderen Ländern kann ich mich ja selber noch mal umsehen.

Tu das. Aber wir sollten uns auch sonst beschränken. Wir waren ja von der Frage ausgegangen, wo Liesels Platz in Hans' geistigem Königreich ist …

… und ob sie in dieser neuen Zeit näher an seinen Thron heranrückt. Außerdem könnten wir jetzt ja auch schon mal auf die Mädchen achten, für die vor diesem Heirats-Reich ein Stoppschild steht, oder die gar nicht hereinwollen.

Das ergibt sich dann schon. In jedem Fall müssen wir jetzt erst einmal wissen, was Mädchen in dieser Zeit denn nun lernten. Was sie lernen konnten und was sie tatsächlich lernten.

Gut. Da bin ich sogar gespannt.

Welche Bildung braucht ein Mädchen?

Deutschland und Frankreich also: Beide Länder haben blutige Religionskriege und -wirren erlebt. Aber Frankreich war damals schon ein Nationalstaat; seine Könige setzten es durch, dass die alte, die katholische Religion die herrschende blieb. Und das ist wichtig – jawohl, auch für die Mädchen. Denn gerade mit der Religion hängt die Erziehung eng zusammen. Außerdem nehmen wir wieder einmal an, dir wäre das Schicksal der kleinen Arbeiterinnen in einem frühindustriellen Unternehmen oder das einer verwaisten kleinen Magd oder ein noch schlimmeres erspart geblieben. Deine Mitgift wäre gesichert und du lebtest in einem freundlichen Hause. Was würdest du lernen?

Zunächst einmal das, was schon Liesel gelernt hatte und ebenso unzählige andere Mädchen euresgleichen in Europa. Ihr würdet von klein auf lernen, den Haushalt zu führen, Küche, Keller, Dachboden, Kammern in Ordnung zu halten. Einkaufen, Vorratswirtschaft, Nähen, Schneidern, Stricken, Sticken würdet ihr lernen, obwohl man so etwas wie zum Beispiel Strümpfe auch schon bald fertig kaufte.

Damit war ein Mädchen in dem Alter, in dem seine Brüder nach einer kurzen Schulzeit mit ihrer Ausbildung – zum Handwerker oder Kaufmann, aber auch zum Offizier, Beamten oder Diplomaten – erst begannen, mit der Hälfte dessen, was es lernen musste, schon fertig. Mit mehr als der Hälfte, genau genommen; denn was war die andere Hälfte der »Ausbildung« eines Mädchens?

Wir können davon ausgehen, dass du ebenso wie Liesel schon als Kind Lesen, Schreiben und Rechnen gelernt hättest. Die Grundkenntnisse in diesen Fächern wurden für diejenigen Mädchen, deren Eltern auf sie hielten, in städtischen und klösterlichen Schulen vermittelt; auf dem Lande sah es damit vorerst freilich weniger günstig aus.

Wer es sich leisten konnte, ließ, wie Liesels Vater, seine Töchter lieber im Hause erziehen. Es gab sogar Väter, wenn auch eher in England als in Frankreich und Deutschland, die ihre Töchter zusammen mit ihren Söhnen unterrichten ließen und die Ergebnisse unvoreingenommen verglichen. In England hören wir auch schon früh von Mädchen und jungen Frauen, die für sich nicht nur irgendeine, sondern genau die gleiche Bildung wie die ihrer Brüder verlangten. Einige eindrucksvolle junge Damen vor allem in Italien, aber auch in anderen europäischen

Ländern setzten sich damit auch durch; für die meisten aber hatte das noch sehr viel Weile.

Immerhin! Die brauchten schon mal nicht mehr dauernd über das Heiraten nachzudenken.

Oder gerade. Denn ein Vater schätzte an einer Tochter unter Umständen etwas ganz anderes als ein Ehemann an seiner Frau; davon werden wir noch hören.

Es lohnte sich inzwischen auch, lesen zu können; denn seit der Erfindung und Verbreitung der Buchdruckerkunst gab es gerade in Frankreich eine Fülle von Büchern und Broschüren, die auch von Frauen und Mädchen mit Vergnügen gelesen wurden.

Und was stand da drin?

Berichte über aufregende und schreckliche Ereignisse, aber auch Volksmärchen, Fabeln und Rittergeschichten, und schließlich gab es auch richtige Liebesromane. Eine kleine Leseratte konnte jetzt schon bald auf ihre Kosten kommen, wenn sie vielleicht auch die eine oder andere Liebesgeschichte besser in den dunklen Umschlag eines Erbauungsbuches legte.

Denn hier lag schon mal ein Problem: Einerseits durfte ein Mädchen jetzt durchaus ein bisschen gebildet sein, aber andererseits durfte es natürlich nur solche Sachen lesen, die seinem Charakter und der allgemeinen Moral gut taten. Welche Bildung also tat einem Mädchen gut? Und zu welchem Zwecke erwarb es sie?

Na?

Bleiben wir erst einmal in Frankreich. Über diese Frage haben sich dort seit dem siebzehnten Jahrhundert viele kluge Leute den Kopf zerbrochen, und zwar sowohl Männer als auch schon Frauen. Sie erklärten, es sei nötig, dass Mädchen über die Elementarkenntnisse hinaus eine höhere Bildung besäßen. Denn erstens gereiche es einem gebildeten Hause zur Zierde, wenn auch die Damen mitplaudern könnten, und zweitens wirke es sich günstig auf die Erziehung der Kinder aus.

Das heißt zunächst einmal: Die Frau bleibt im Hause und ist weiterhin für Mann und Kinder da. Alles, was sie tut, ordnet sich diesem Zweck unter. Dennoch vollzieht sich hier eine kleine kulturelle Revolution. Ein eigenständiges Recht der Mädchen auf Bildung, die aber nur im Hause wirksam werden darf: Damit ändert sich der Charakter des Hauses; eine eigene, anerkannte Welt der Frau entsteht.

Beinah so, als wenn sich zwei Linien schneiden: Eine Linie heißt Bildung, die andere Haus, und im Schnittpunkt …

… stehen künftig vor allem die Mädchen, kleine und große. Gut.

Aber worin bestand nun die Bildung? Was wurde an den »Anstalten für Töchter der Höheren Stände« gelehrt, die es im achtzehnten Jahrhundert im Zuge der Aufklärung schon gab?

Wieso »Aufklärung«?

Die Aufklärung, deren Höhepunkt aber erst in der Mitte des achtzehnten Jahrhunderts lag, war eine Zeit, in der man sich darum bemühte, veraltete geistige und religiöse Einschränkungen abzuschütteln. Wir werden noch mehr von ihr hören.

Mädchen durften da also lernen. Und was?

Lesen, Schreiben, Rechnen, falls es daran noch fehlte, ferner Sprachen, Literatur, sehr viel Religion und gute Sitten. Und natürlich wieder alle die Künste, die ein Mädchen beherrschen musste, um ein gefälliges, gebildetes Haus zu führen.

So was lernt man doch nicht in der Schule!

Früher schon. Und nicht jedes Mädchen hatte damals noch sehr lange eine Mutter, die es ihm beibringen konnte. Interessanter ist hier aber, was für Mädchen nicht gelehrt wurde: Ausdrücklich fehlten zwei Fächer, die fest zur Ausbildung der Jungen gehörten: Philosophie und Rhetorik.

Philosophie – nun gut, ein Mädchen, das sich für sie interessierte, kam jetzt auch an die entsprechende Lektüre heran. Aber Rhetorik, die Kunst der öffentlichen Rede! Das war nach dem Vorbild des römischen Philosophen Cicero die Kunst, in der sich die Männer üben mussten, die ein öffentliches Amt anstrebten, es war die Kunst der männlichen Spitzenberufe.

Die aber hielt man, und das gilt für ganz Europa, mit dem Naturell der Frauen für nicht vereinbar, nach wie vor. Frauen konnten trotz einer noch so guten Bildung nicht in ein Amt oder ein Gremium berufen oder gewählt werden, mochten die Fürstinnen, von denen wir eben gehört haben, noch so männlich regieren. Man konnte als Mädchen zur Not in eine Männerposition hineingeboren werden, aber man konnte sie nicht durch eine Ausbildung erreichen.

Hm! Wenn nun aber ein Mädchen nicht zufrieden war mit den Bildungsscheibchen, die man ihm da abschnitt? Und wenn die Eltern ihm mal nicht halfen? Du hast doch gesagt –

Dann musste es sich selber helfen. Zum Beispiel, indem es sich mit einer Handarbeit in das Studierzimmer der Brüder schlich und in einer Ecke dem Unterricht so aufmerksam zuhörte, dass es am Ende den Stoff beherrschte und heimlich in den Büchern weiterlesen konnte. So erwarb sich die spätere Gouvernante von König Ludwig XIV. von Frankreich die klassische Bildung, derentwegen ihr die Erziehung des Prinzen anvertraut wurde. Man half solchen Mädchen vielleicht nicht, aber man ließ sie jetzt gewähren. Weißt du, was eine Gouvernante ist?

So eine Art Hauslehrerin.

Ja. Es war der erste richtige Beruf, der es einem Mädchen erlaubte, sich vom Elternhaus unabhängig zu machen. Wir können uns kaum mehr vorstellen, was es für ein junges Mädchen bedeutet hat, wenn es etwa seinem kranken Vater tröstend sagen konnte, er brauche sich keine Sorgen zu machen, sie habe eine Stelle als Erzieherin in dem und dem Hause. Oder auch, wenn sie einem tyrannischen Vater den Bettel vor die Füße werfen und ihren Unterhalt selbst verdienen konnte. Es war ein hartes Brot, härter als das vieler Männer, und man musste

sich immer einen Haushalt in der Verwandtschaft zum Über-
brücken warm halten. Aber aus der Geschichte von Hans und
Liesel weißt du, dass sich auch Männer, die von ihrer Bildung
leben mussten, hart durchzubeißen hatten. Doch das sind vorerst noch Ausnahmen; Mädchen mussten sich eher davor hüten, »unweiblich« zu sein. Der französische Dichter Molière
hat seinen beißenden Hohn über gelehrte und intellektuelle
Frauen ausgegossen. Nein, wenn man als junge Frau gerade
den neuesten Philosophen gelesen oder womöglich selbst etwas geschrieben hatte, dabei aber einen schlichten Haudegen
zum Mann hatte, dann tat man besser daran, nicht groß darüber zu reden.

Oder? Konnte es etwa auch passieren, dass ein solcher Ehemann gerade auf eine solche Bildung seiner Frau stolz war,
weil er sie als passende Ergänzung zu – sagen wir – seiner letzten gewonnenen Schlacht empfand? Dass er gar keinen Wert
auf gespielte Bescheidenheit bei Frauen legte? – O ja, in Frankreich konnte es das geben, und deshalb will ich dir, ehe wir uns
bei uns in Deutschland umsehen, noch rasch erzählen, was ein
Pariser Salon war. Denn so etwas gab es hierzulande nicht.

Viele Menschen im Salon …

Ein Salon, das weißt du vielleicht, ist der schönste und größte
Raum im Haus, und manchmal nennt man auch ein besonders
prächtiges Wohnzimmer den Salon. Aber das ist nicht ganz
richtig, denn im Salon waltet die Hausherrin allein; schon deshalb hat er auch mit den Saloons des Wilden Westens nichts
gemein als den Namen.

Ein Pariser Salon war eher ein kleiner Saal, zugleich prächtig
und einladend, und in ihm trafen sich als Gäste der Hausherrin viele Menschen, die eine geistvolle Atmosphäre suchten.
Und zwar trafen sich dort Männer und Frauen – oder im Stil

der Zeit: Damen und Herren –, und sie unterhielten sich frei miteinander; sonst wäre es kein Salon gewesen.

Worüber sprachen sie? Über alles, was mit Geist zu tun hatte: über Literatur, über Kunst, auch über Philosophie und Politik, über Moral, Ethik und Liebe – nur nicht über banale Themen, nicht über Küche und Kinder.

Woher kommt diese Einrichtung? Von den Höfen des ausgehenden Mittelalters und der Renaissance vor allem, aber auch von der Sitte, dass Männer und Frauen sich in Italien und Frankreich zu geistvollen Gesprächen treffen durften; davon haben wir ja gehört. Die Spielregeln des Salons sorgten nun dafür, dass Katastrophen wie die von Abälard und Heloise sich nicht wiederholen konnten. Und warum gab es sie nur in Paris? Weil es anderswo keine Städte dieser Art gab, weil die Kirche die Salons eher als frivol missbilligte, weil es an Kultur und Geld fehlte oder weil sich, wie in England, Männer und Frauen in Gesellschaft lieber getrennt unterhielten – obwohl es in London bald auch literarische Zirkel gab, in denen Frauen eine Rolle spielten.

Die Menschen, die sich in einem Salon trafen, konnten, durften und wollten einander nicht heiraten, weil sie entweder schon verheiratet waren oder aber – denn Frankreich war ein katholisches Land – dem geistlichen Stand angehörten und nicht heiraten durften. Natürlich konnte man sich auch im Salon verlieben; es gab gerade in Paris weiterhin Affären und Skandale. Aber der Umgang der Geschlechter miteinander erfuhr im Salon eine Verfeinerung, die viel zum Ruhm der französischen Kultur beigetragen hat. Der Salon war ein Stück Welt; für viele war er die Welt schlechthin, und er war im Rahmen des Hauses ein Stück Öffentlichkeit, von einer Frau gelenkt.

Mhm. Kann man so einen Salon auch mal sehen? Heute noch?

Es gibt auch in deutschen Schlössern Rokokosäle diesen Stils, und sie sind schön in ihrer Farbenpracht, diese altrosa, blauen und gelben Salons mit ihren Spiegeln, Kristallleuchtern, Stuckaturen und Seidentapeten. Sie gaukeln uns einen ewigen Frühling vor – aber was für einen? Nicht einen schweigenden, denn heute hört man bei Führungen meist irgendwoher Spinett- oder Flötenmusik. Wohl aber einen eisigen; denn sie sind zum Klappern kalt. Es ist kaum vorstellbar, dass ein Kamin oder noch so hübscher Kachelofen sie ausreichend geheizt hat; man muss in ihnen gefroren haben, und deine Urgroßmutter hat mir noch die Geschichte von einer kleinen Prinzessin erzählt, die für den Weg von einem der Säle in den anderen ihr »Korridormäntelchen« umwerfen musste; denn die Flure waren kalt und zugig.

Und wenn man sich erkältete, gab es wahrscheinlich noch keine Grippemittel?

Nein. Und viel schlimmer: Man konnte die Lungentuberkulose, die Schwindsucht, den Bluthusten, nicht behandeln, die Krankheit des achtzehnten Jahrhunderts schlechthin, die gerade auch viele Mädchen hinraffte. Es hat Familien gegeben, denen alle Kinder daran wegstarben. – Nein, manchmal könnte man meinen, das Mutigste an den Salons sei es gewesen, sich vom Ofen weg in einen großen, kalten Saal zu wagen, und das in einem dünnen Seidenkleid.

Seidenkleid?!

Aha!

Entschuldige! Aber ich weiß nicht recht, ob so ein Salon meine Sache gewesen wäre. Und wir haben wirklich lange nicht mehr über Kleider geredet. Liesels Festkleid war das letzte!

Und das war ja auch schon aus Seide. Aber es hatte ein Jäckchen drüber und wurde in kleineren, gedrängteren Räumen getragen. Außerdem hat Liesel bestimmt mindestens einen wollenen Unterrock drunter getragen; denn damals machte man es anders als heute: Man trug dicke Sachen drunter und dünne Stoffe drüber. Aber gut, legen wir ein kleines Intermezzo ein und fragen wir zur Abwechslung mal wieder nach den Kleidern.

153

Samt, Seide, Spitzen …

Behalt das Kleid von Liesel ruhig noch einen Augenblick an. Denn jetzt wird es schwierig. Nachdem erst einmal der Bann des Mittelalters ganz abgeschüttelt war, änderten sich in Europa die Verhältnisse in Politik, Religion, Wissenschaft und Kunst so schnell, dass man kaum mitkommt. Und ebenso schnell wechselten jetzt die Moden.

Am Anfang gehört zur Alltagstracht eines Bürgerkindes ein leicht geschnürtes Mieder über einer Art Bluse, ein hübscher Ausschnitt, ein üppiger, langer Rock, locker fallendes oder schlicht hochgestecktes Haar unter einem leichten Tuch oder Schleier, mit dem man es auch kunstvoll drapieren kann.

Wenn sich aber dasselbe Mädchen den Blicken von Gästen zeigen sollte, gäbe es ein neues Festkleid. Dein Haar würde jetzt aus dem Gesicht fort auf dem Hinterkopf hoch frisiert werden, was aber gar nicht jedem Mädchen gut steht, und mit Blumen oder Schmuck festgesteckt werden. Das Kleid, aus Seide, Samt oder Brokat, läge wiederum am Oberkörper ganz eng an, meist über einer Schnürung, und hätte einen großzügigen Ausschnitt. Aus der engen, leicht gestreckten Taille spränge der Rock mit Raffungen und Polsterungen heraus; die halblangen Ärmel wären an der Schulter gepludert und lägen unten knapp an.

In der Renaissance und im Barock kam es darauf an, körperliche Reize unbefangen, wenn auch – wieder einmal – sittsam zur Geltung zu bringen. Kein gesenkter Blick mehr, keine verschlossene Stirn; die Haltung des Kopfes und das Lächeln durften jetzt Herausforderung zeigen.

Aber das ist nur die eine Seite. Bald gab es die Glaubenskämpfe und, aus ihnen hervorgehend, die Unterschiede in der Kultur der neu entstandenen Konfessionen. Ein Protestant, und womöglich ein puritanischer Protestant, konnte unmöglich seinen Töchtern den ganzen Sinnenreiz italienischer Moden gestatten. Und ernsthafte Könige und Staatsmänner, gleich welcher Konfession, konnten es auch nicht. Andererseits aber waren gerade ernsthafte, zumal spanische Staatsmänner und fromme holländische Kaufleute sehr reich; denn das Gold aus dem neu entdeckten Amerika floss nun in die Kassen der westeuropäischen Höfe und Kontore und wollte gezeigt werden.

Deshalb gibt es in Spanien bald eine reiche, kunstvolle Hofmode: Schwere, teure Stoffe lagen über einem ausladenden, reifenförmigen Unterbau aus Draht, Fischbein und Holz, über einem sogenannten Reifrock; sie waren oft in mehrfachen Lagen mit dem Oberteil verbunden, manchmal auch raffiniert von ihm abgesetzt. Die Taille war immer schmal geschnürt. Mantillas, Schals und Umhänge aus schönem, teurem Gewebe vervollständigen das Bild. In Holland war die Mode nicht weniger reich, aber gemessener und strenger; dort schauen uns schon Kindergesichter über breiten weißen Tellerkragen an. Die Farben sind satt und gedeckt. Teure Spitzen gehören überall dazu.

Dann gibt es im siebzehnten Jahrhundert, fast überraschend, etwas Hübsches: Weichere Formen von Taille und Rock; das Haar wird am Hinterkopf kunstvoll gehalten und darf in weichen, gedrehten Locken auf den Nacken und um das Gesicht fallen. Der Ausschnitt ist oval und weit bis über die Schultern. Es ist die Tracht, die in älteren Ausgaben von Grimms Märchen den Prinzessinnen gegeben wird. Aber um diese Zeit tobte in Deutschland der Dreißigjährige Krieg; da wird selbst bei Prinzessinnen nicht viel Raum für das Drehen von Locken gewesen sein.

Doch jetzt geht es schon auf das achtzehnte Jahrhundert zu; die Mode wird immer künstlicher und raffinierter. Bei Hofe trägt man nun bald einen Reifrock, auf dessen Hüftpolstern man die Ellbogen auflegen kann. Die Schultern sind schmal, der Ausschnitt eher eckig, die Taille eng geschnürt, die Frisur weiß gepudert, künstlich hoch aufgetürmt und von Schmuck in Form gehalten. Ein Obergewand mit tiefen Quetschfalten im Rücken liegt mantelartig um die breite Pracht des Rockes. Unter dem Rock schauen seidene Stöckelschuhe heraus, seidene Strümpfe lassen sich vermuten. Puder und Schminke regieren das Aussehen, oft als Ersatz von Wasser und Seife. Es gibt kaum eine Mode, die der heutigen so entgegengesetzt ist wie die des Rokoko; aber gerade diese Zeit nannte man auch die der Frauen.

Doch zu deiner Beruhigung: Für die Mädchen wurde das alles nicht ganz so heiß gegessen. Zu jeder großen Mode gab es die des Alltags, gab es für Kinder einfachere, aber oft sehr hübsche Varianten. Überall dort, wo Puritanismus und Pietismus – das sind die strengeren Formen des Protestantismus – regierten, kleideten sich ohnehin auch die Erwachsenen schlichter. Nein, du wärst schon ganz gut durchgekommen!

Na, wenn du meinst!

… zwei Leute im Haus

Aber nun müssen wir zu Liesel zurückkommen; denn auch die Moden haben uns ja eher wieder in andere Länder geführt. In Westeuropa war man seit dem Einsetzen des Überseehandels und erst recht seit dem Dreißigjährigen Krieg eben einfach reicher als bei uns.

Erinnerst du dich noch an das Wort, nächst dem König sei der Erzieher der wichtigste Mann im Staate? An das Wort, das dem Hans als Leitlinie seines Humanismus galt, das Wort des Erasmus von Rotterdam?

Nun, in Deutschland steht am Schnittpunkt von Humanismus und Reformation ein Mann, der genau das gleiche dachte. Nur war er ein Freund Martin Luthers, lebte wie dieser in Wittenberg (im heutigen Sachsen-Anhalt) und trug die Reformation von Anfang an mit. Und das hieß, er konnte ernst mit dem machen, was Erasmus gefordert hatte. Er wurde der »Erzieher Deutschlands« und hieß Philipp Melanchthon.

Wenn aus der Reformation etwas werden sollte, dann musste man sogar damit ernst machen, alle Leute und vor allem die Kinder auf die Schulbank zu setzen und ihnen Lesen und Schreiben beizubringen. Sie sollten ja die Bibel lesen und vor ihrer Konfirmation den Katechismus auswendig lernen. Und deswegen saßen bald in allen evangelisch gewordenen Regionen kleine Mädchen und kleine Jungen zusammen und lernten.

Das hört sich erst mal nicht so lustig an.

Es bedeutete dennoch sehr viel; denn es bedeutete den selbstständigen Umgang mit der Bibel, mit der ganzen, von Luther ins Deutsche übersetzten Bibel, und es sollte die Kulturgrundlage des Protestantismus werden.

Betrachte dich jetzt also bitte als auf einer harten Holzbank sitzend und die zehn Gebote nebst dem übrigen Katechismus mit Erklärungen lernend, dazu abends einer Bibelstunde zuhörend. Das kann nach so viel Samt und Seide nichts schaden; jetzt sind Wolle, Leinen und Kattun angesagt, zum Sonntag vielleicht auch eine Taftschleife.

Auf die kann ich zur Not verzichten!

Aber Melanchthon war mehr als nur ein Schulmeister. Seine Leidenschaft galt den alten Sprachen, dem Lateinischen und dem Griechischen, und es machte ihm durchaus zu schaffen, dass die Reformation mit der deutschen Bibel auch der deutschen Sprache zum Durchbruch verhalf. Denn er selbst gehörte einer Gemeinschaft von Gelehrten an, die sich überall in Europa mühelos auf lateinisch verständigte.

So half er beiden, der Reformation und dem Humanismus. Er trieb die Reformation voran, indem er die deutschen Bibelschulen förderte; und er arbeitete für den Humanismus, indem er an den Lateinschulen die klassischen Studien ausbaute. Diese waren nach seiner Meinung die alleinige Grundlage

157

für die Erkenntnis der Wahrheit und für die Übung von Gerechtigkeit.

Die Hohen Schulen der klassischen Bildung waren damals eben die Lateinschulen zusammen mit den Fakultäten der Freien Künste, wie Hans eine durchlaufen hatte; wir würden heute die humanistischen Gymnasien so nennen. In ihnen sah Melanchthon eine ideale Lebensform verwirklicht. Sogar einen Abglanz von Paradies und platonischer Akademie wollte er in diesen seinen Hohen Schulen sehen. Sie standen für Melanchthon höher als jede Praxis und diese Selbsteinschätzung hat er dem humanistischen Gymnasium mit auf den Weg gegeben.

Aber Liesel durfte in diese Hohen Schulen nicht hinein!

Nein, das durfte sie nicht. Wenn Melanchthon in diesem Zusammenhang vom Paradies spricht, und das tut er ausdrücklich, nennt er nur Adam. Eva kommt gar nicht vor, obwohl sie ja wahrhaftig lang genug dort mit Adam zusammen war. Aber noch etwas anderes ist interessant und damit kommen wir langsam wieder zu den Mädchen zurück.

Gott sei Dank.

Melanchthon stellt nicht nur seine Hohe Schule über alles andere, sondern er wertet ausdrücklich diejenigen Lebensbereiche ab, in denen es nach dem Verständnis des Mittelalters und vor allem der Renaissance so etwas wie Öffentlichkeit gab. Das galt nicht zuletzt für die Fürstenhöfe, die mit ihrem Gerichtswesen, ihrem kirchlichen Gepränge und ihrer höfischen Geselligkeit einen Stil pflegten, der nicht recht zu den Hohen Schulen passen wollte. Gerade in dieser höfischen Öffentlichkeit aber hatten auch Frauen ihren Platz gehabt.

Aber er konnte doch die Fürstenhöfe nicht abschaffen?

Nein, natürlich nicht. Das hätte Melanchthon auch gar nicht gewollt. Aber es ergab sich in der Folge der Reformation eine Verschiebung von Werten. Sie verlagerten sich fort vom höfisch-adligen Ideal hin zu akademischen und geistlichen Wertvorstellungen. Auch die Höfe wurden gebildet und fromm. Und

158

das hieß für die Frauen wieder einmal: Es gab für sie jetzt immer weniger Bereiche anerkannter Öffentlichkeit, immer weniger »Welt«. Denn von der einzig wahren, der akademischen, waren sie ja ausgeschlossen.

Und es gab auch keinen Gegengewinn; denn auch in den Städten war kein eigener Platz für Frauen. Du erinnerst dich ja von den alten Griechen her, dass ein Zugewinn an städtischer Bürgerlichkeit für Frauen einen Verlust an Freiheit bedeuten konnte.

Aber wo blieb Liesel dann? Wir hatten doch nach ihrem Platz gefragt.

Sie blieb im Haus, ebenso wie die Frauen in Frankreich. Aber es war ein anderes Haus, wenn auch ebenfalls eines, für das man sich eine »gebildete Ehefrau« wünschte. Es stand in allen, auch den kleineren Städten und es war das Haus des Schulrektors, des städtischen Juristen, des Arztes, des Gelehrten, des Beamten, des Kaufmanns und in den evangelischen Regionen das Haus des Pfarrers. Denn protestantische Geistliche dürfen heiraten. Alle diese Berufe gab es jetzt – für Männer.

Luther hat ausdrücklich der Frau einen Platz neben dem Mann im Haus zugewiesen, einen gleichrangigen Platz. Und nicht nur das: Er vertraut die religiöse Erziehung der Kinder, ihre Erziehung überhaupt, der Mutter an. Diese Vorstellung vom Haus wurzelt tief in Luthers Verständnis von einer christlichen Ehe; sie hat deshalb eine sehr große Wirkung gehabt, weit in die Gesellschaft hinein.

Aber dieses Bürgerhaus war ein schwieriges Haus. Denn der exklusive Schein des Adams-Paradieses fiel in ein Haus, in dem nicht mehr einer allein war, wie zu Abälards Zeiten, und auch nicht viele, wie im Salon, sondern in dem nun zwei waren. Gleichrangig, aber nicht gleichberechtigt. Denn *er* hatte Beruf und Amt, *sie* höchstens Bildung.

Und wenn Liesel aus diesem Haus mal herauswollte? Richtig heraus?

Das ginge nur an der Seite ihres Ehemannes, und es gäbe keinen geistigen Austausch mit anderen, schon gar nicht mit anderen Männern. Gefühle müssten sich auf das Haus konzentrieren; Ehrgeiz dürfte es nur für den Mann geben.

Und? Sag mal was dazu!

Gern. Ich habe den Gegensatz zwischen dem französischen Salon mit seiner Bildungskultur, die die Frauen begünstigte, und dem bürgerlichen Haus in Deutschland mit seiner Berufsprägung, die das Licht auf den Mann lenkte, deswegen so stark betont, weil es sich dabei um zwei Grundtypen handelt, die damals für das Heranwachsen gerade von Mädchen wichtig waren – und die heute noch in Europa nachwirken. Und auf Europa wollten wir ja auch einen Blick haben. Außerdem gab es natürlich auch in Frankreich gebildete Bürgerhäuser und in deutschen Städten geselliges Leben, in Frankreich wiederum eine Ämterlaufbahn und an deutschen Höfen weiterhin die Salons geistvoller Fürstinnen. Nur: Die Prioritäten sind verschieden.

Das ist aber alles ziemlich kompliziert. Na, ich kann's ja nachlesen!

Es wird jetzt einfacher. Denn gerade auch für das bürgerliche Haus in Deutschland, vor allem für das große Haus in reichen Städten gilt: Wenn man die Frau ins Haus verweist, ihr aber zugleich das Recht auf eigene Bildung zuspricht, dann entsteht eine eigene Sphäre. Eine andere als in anderen Ländern, aber eine eigene – und manchmal durchaus auch eine Sphäre des Einflusses. Die Frau war nach Luthers Vorstellung das Herzstück des Hauses, und oft genug hat sie in ihm das Leben des Mannes mitverwaltet, ganz zu schweigen davon, dass sie in der Regel die gesamte Last der Emotionen, der Gefühle des Hauses trug. Es lohnt sich deshalb anzusehen, was eine Bürgersfrau in Deutschland tat, wenn ihr der Haushalt Zeit ließ. Und was sie ihren Töchtern mitgab.

Fast immer las sie; aber häufig schrieb sie auch selbst. Sie führte nicht nur ihr Haushaltsbuch, sondern sie notierte auch alle Vorfälle im Haus. Geburten und Todesfälle vor allem, aber auch Ereignisse im Kinderleben. Eine solche Chronik, in die auch religiöse Betrachtungen eingeflossen sein konnten, war nicht selten das Buch, an dem ein kleines Mädchen, neben der Mutter sitzend, erzählt bekam, was für die Familie wichtig war und wie man es in einem höheren Zusammenhang zu sehen hatte.

Neben den Chroniken gab es bald Tagebücher, Lebenserinnerungen und schließlich ausgedachte Geschichten. Hübsche kleine Texte für die Enkelkinder, dann auch Romane und Übersetzungen. Und Briefe natürlich, Briefe an die Kinder und die Freunde. Sehr lesenswerte Briefe. Von der Schreibkultur her waren die Frauen also gut auf die Neuzeit vorbereitet, und weil sich alles auf das Haus und die Familie bezog, waren die Mädchen, die meist bis zur Heirat im Elternhaus blieben, fest in sie eingebunden.

Wo weniger gelesen oder geschrieben wurde, wurde musiziert, gerade im Pfarrhaus, und hierher gehört der Name von Johann Sebastian Bach und der von Anna Magdalena Bach. Oder es wurde gezeichnet, getöpfert, geschnitzt, und das alles mit den Kindern zusammen. Die erste und stärkste Prägung erhielt ein Mädchen von der Mutter.

Aber da war auch der Vater. Sein Studier- und Arbeitszimmer lag im Hause, sein Beruf, sein Amt waren allgegenwärtig. Es ist viel darüber geschrieben worden, wie wichtig gerade das evangelische Pfarrhaus für die Kultur und die Gesellschaft der Neuzeit gewesen sei, und das nicht nur in Deutschland, sondern auch im protestantischen Norden und in England. Es hat wegen der Ungleichheit seiner Partner zwar stets unter großer Spannung gestanden und nicht immer sind Pfarrerskinder gut geraten; aber allein der Dreißigjährige Krieg wäre ohne die seelische Kraft der Pfarrhäuser kaum zu überstehen gewesen. Vielleicht kennst du die Zeilen von Paul Gerhardt:

Denn wie von treuen Müttern in schweren Ungewittern
die Kindlein hier auf Erden mit Fleiß bewahret werden …

161

Das hört sich doch ganz tröstlich an, nicht wahr? Und weißt du, dass der Dichter Matthias Claudius eine Frau hatte, die so hieß wie du? Es gibt von ihm nicht nur das berühmte Lied »Der Mond ist aufgegangen«, sondern auch ein hübsches kleines Gedicht, in dem er sagt, er wäre so gerne dabei gewesen, als diese kleine Rebekka geboren wurde.

Aber das ist es nicht, was die studierten Väter – sie mussten gar nicht Pfarrer oder Dichter sein – für die Töchter wichtig machte. Im Studierzimmer des Vaters gab es etwas anderes, was anderswo nicht so leicht und oft nur gegen den Widerstand der Mutter zu erlangen war: seine Bildung, sein Wissen, seine Bücher. Man konnte ihn bitten, mit den Brüdern zusammen unterrichtet zu werden, und wenn keine da waren, dann eben alleine.

Der Vater wird bei dieser Bitte gezögert haben, denn er wusste natürlich auch, dass keine noch so gute Bildung seiner Tochter den Zugang zu einer Universität oder zu einem Männerberuf erschließen konnte, und für eine konventionelle Ehe waren begabte Mädchen, die zu viel gelernt hatten, oft verdorben. Blieb nur der Beruf der Gouvernante, bald auch schon der Lehrerin – aber tat man bei dem herrschenden Rollenverständnis einem Mädchen damit einen Gefallen?

Weiter!

Dennoch haben offenbar viele Väter der Versuchung nicht widerstanden, sich in einer Tochter den nettesten und willigsten aller denkbaren Partner heranzuziehen und damit in den eigensinnigen Köpfen die Vorstellung zu nähren, es könne ja vielleicht doch einmal anders werden mit dem Los der Mädchen. Und diese Vorstellung wurde immer stärker.

Na klar, die kennen wir doch schon, und es wird Zeit, dass wir zu ihr zurückkommen. Ich war ja vorhin schon halb motoriziert!

Oder dass wir jetzt erst richtig zu ihr hinkommen; wir hatten ja vorgegriffen. Also: Schon die Malerin und Kupferstecherin Maria Sibylla Merian mit ihren wunderbaren Blumen- und Insektenzeichnungen war im späten siebzehnten Jahrhundert eine Vatertochter – genauer: eine Stiefvatertochter – gewesen. Ihren Bildern lagen exakte wissenschaftliche Beobachtungen zugrunde, die später sogar zu eigenen – freilich nur privat finanzierbaren – Forschungsergebnissen und einer langen Reise nach Übersee führten.

Andere Mädchen gingen andere Wege. Begabte Rechnerinnen halfen ihren Vätern und Brüdern bei astronomischen Berechnungen, und mutige Mädchen mit kreativen Begabungen hatten im achtzehnten Jahrhundert durchaus ihre Chance als Schriftstellerinnen, aber auch als Malerinnen und Schauspielerinnen. Freilich blieben sie stets gefährdete Einzelgängerinnen.

Die Aufklärung, von der wir schon gehört haben, verhalf seit der Mitte des achtzehnten Jahrhunderts auch in Deutschland den Mädchen ein Stück voran. In Göttingen mit seiner berühmten Aufklärungsuniversität erzog der Historiker und Politikwissenschaftler August Ludwig Schlözer seine Tochter Dorothea in den Wissenschaften und erreichte es, dass sie 1787 als erste Frau in Deutschland den Doktorhut erhielt. Es war das fünfzigjährige Jubiläum der Universität, und vielleicht wollte der Dekan der Philosophischen Fakultät, der angesehene Orientalist Johann David Michaelis, dafür etwas Apartes haben – jedenfalls ließ er die Siebzehnjährige, bezeichnenderweise unter Verzicht auf die öffentliche lateinische Disputation, zur Doktor- oder Magisterprüfung zu. Die fand in seinem Studierzimmer in einer ganz privaten Atmosphäre – an einer mit Tee und Gebäck gedeckten Tafel – statt. Ein Lorbeerkranz lag auf einem Biskuitboden bereit, die Kandidatin war in weißer, mit Rosen und Perlen besteckter Florfrisur und im weißen Musselinkleid wie eine Braut herausgeputzt; das hatte der Vater so gewollt. Er war es auch, der die Urkunde für sie entgegennahm; denn einen Raum der akademischen Öffentlichkeit zu betreten, das hätte man nicht einmal einer promovierten Frau zugestanden.

Na, hör mal! Sollte das ein Witz sein?

Aber ganz bestimmt nicht. Im Gegenteil! Es war eine harte Prüfung; Dorothea musste sich zum Spiegel auf dem Leuchtturm von Alexandria äußern, musste Horaz übersetzen und interpretieren, musste sich zu mineralogischen, mathematischen und kunstgeschichtlichen Detailfragen vernehmen lassen und tat es offenbar mit Bravour. Es war der erste direkte Angriff auf das männliche Adamsparadies; aber vielleicht hätte Melanchthon ihn als nicht sehr bedrohlich empfunden.

Nein. Mit Florfrisur und Lorbeer auf Kuchen!

Das war die Mode der Zeit.

Und wie ging es mit ihr weiter?

Natürlich trat Dorothea Schlözer keine akademische Laufbahn an, sondern wurde verheiratet, an einen wohlmeinenden, aufgeschlossenen Mann. Doch ihr Versuch, in seinem Haus einen Salon zu führen, scheiterte mit dem Scheitern der Ehe. Hier tritt im ausgehenden achtzehnten Jahrhundert ein altes Problem in einer neuen, ja, nun schon in einer modernen Beleuchtung hervor, das der Partnerwahl, soweit ein Mädchen bei ihr denn mitreden durfte.

Ach ja!

Diese Mädchen, die von ihren Müttern an den Ehestand und von ihren Vätern an Bildung und Wissenschaft herangeführt worden waren, suchten die Ehe auch als geistige Partnerschaft. Und kurz vor der Französischen Revolution wie auch in ihrem Umfeld war bei den Gebildeten manches möglich. Freilich wieder nur um Preise, und um andere als bisher.

Die Tochter des großen jüdischen Philosophen Moses Mendelssohn heiratete – in zweiter Ehe – den Gelehrten und Schriftsteller Friedrich Schlegel, den jüngeren der berühmten Schlegel-Brüder. Bei zwei Ehen blieb es auch für Therese Heyne, die sich von dem Weltumsegler und späteren Revolutionär Georg Forster trennte und den Schriftsteller und Publizisten Ludwig Ferdinand Huber heiratete. Caroline Michaelis, wie Dorothea

Schlözer und Therese Heyne ein Göttinger Professorenkind und Tochter jenes Orientalisten Michaelis, der Dorothea Schlözer promoviert hatte, vereinigte dagegen in ihren Namen Michaelis-Böhmer-Schlegel-Schelling einen guten Teil der damaligen Geisteswelt. Drei Ehen. Und um welche Preise?

Reich hat keine geheiratet, einigen blieben bittere Not und der Tod immer weiterer Kinder nicht erspart. Ihre Männer waren zwar ihre Partner in geistigen Dingen, und sie durften ihnen – neben eigenen Arbeiten und vielen, wiederum sehr lesenswerten Briefen – tüchtig bei der Arbeit helfen. Doch diese Partner lebten wieder nur von dem, was sie mit ihrer Bildung verdienen konnten, und wenn Liesels Vater sie auch nicht mehr alle als »Hungerleider« hätte bezeichnen können, so waren ihre Lebenswege doch mühselig, und sie selbst waren zumeist schwierige Leute. Immerhin aber waren sie Partner; und, Hungerleider hin oder her, hier wurde Hans' Thron endlich einmal geteilt. Das hatten wir doch wissen wollen.

Und damit, Rebekka, wären wir am Ende der frühen Neuzeit angelangt. Das nächste, was jetzt kommt, ist die Französische Revolution. Sie scheint zuerst wieder einmal eine Zeit auch der Frauen zu sein; aber sie ist dann doch wieder nur eine der Männer. Trotzdem öffnet sie ein Nadelöhr, das der Bürgerrechte, und von jetzt ab lohnt sich das Warten.

Bis in unsere Zeit: Rollenspiele oder
Die Bestimmung der Töchter

Es geht noch einmal ziemlich männlich zu

Weißt du noch, wie ich dir erzählt habe, dass bei den alten Griechen das männliche und das weibliche Prinzip mitsamt den Eigenschaften, die ihm jeweils zugeordnet wurden, einander entgegengesetzt waren, so wie heiß und kalt? Dass sie sich im Wechsel vereinigten und trennten und sich gegenseitig polarisierten? Dass aber ohne ihre Vereinigung zu einem Ganzen nichts zustande kam? Auf diese Weise waren die Frauen immerhin genau die Hälfte der Menschheit. Sie waren freilich immer die weniger wirkungskräftige Hälfte, und das änderte sich auch nicht, wenn sich im Laufe der Zeit die Bewertungsmaßstäbe änderten. Es war zum Beispiel auf einmal etwas Gutes, kreativ zu sein? Kein Problem. Dann waren eben die Männer kreativ und die Frauen einfallslos. Vorher hatten die Männer eher als beständig und die Frauen als listenreich gegolten. Aber wie auch immer bewertet, sie waren die Hälfte.

Und es hat im Laufe der Zeit viele Anlässe gegeben, bei denen die Frauen die Hälfte oder doch ein großer Teil der Beteiligten waren. Zum Beispiel die Aufstände, Unruhen und Revolutionen. Du hättest als kleines Mädchen gut auch in die Lage kommen können, dich angstvoll an den Türpfosten zu klammern, während dein Vater mit geschwungenem Dreschflegel und deine Mutter schreckensbleich oder zornesrot mit geballten Fäusten hinter ihm her auf die Straße stürzten. Ungerechte Steuereintreiber, harte Gerichtsdiener, willkürliche Beamte, geldgierige Fürsten, marodierende Soldaten – dagegen hat sich

166

schon immer der Zorn des Volkes, des ganzen Volkes gerichtet, und Frauen und Männer haben dabei fast wie in einem Rollenspiel zusammengewirkt.

Meist schickten die Männer selbst die Frauen nach einer Weile nach Hause, damit sie nach den Kindern und dem Vieh sehen konnten. Aber auch, wenn sie wirklich einmal vor Gericht kamen, ließ man sie meist bald wieder los, eben zu ihren Kindern. Sie mussten schon sehr widerborstig gewesen sein, wenn sie wirklich verurteilt wurden; aber auch das geschah.

Die Französische Revolution, von der wir eben gesagt haben, dass sie vieles möglich machte, war jedoch kein Aufstand wie viele andere; sie richtete sich gegen die herrschende Gesellschaftsordnung im Ganzen und stellt in Europa den Beginn der Neuzeit, unserer Zeit, dar. Auch an ihr waren viele Frauen aller Stände und Schichten beteiligt.

Da ist zum Beispiel der Zug von mehreren tausend zum Teil bewaffneten Frauen, die sich aus Zorn über die unbezahlbar hohen Brotpreise und über die Gleichgültigkeit der Königin nach Versailles aufmachten und durch ihren Protest erheblich dazu beitrugen, dass das Königspaar nach Paris, unter die Augen der Revolutionäre, übersiedelte. Die Marktfrauen unter ihnen waren bereits organisiert; in ihrer Aktion kannst du vermutlich einen Zipfel des alten Rollenspiels, der Auflehnung gegen die Arroganz der Mächtigen, erkennen.

Aber da gibt es auch ein berühmtes Bild des Malers Delacroix; es zeigt die Freiheit, eine schöne und entschlossene Frau, die sich unter den Farben der Revolution unaufhaltsam ihren Weg bahnt. Wofür steht diese Frau? Auch für den Zorn der Unterdrückten? Oder eher für Ideale, deren Verwirklichung gerade auch vielen Frauen nun greifbar nahe gerückt zu sein schien? Für Ideale wie die Freiheit und die Gleichheit *aller* Menschen? Was meinst du?

Na, ich weiß da nicht Bescheid, aber wenn du so fragst, würde ich sagen: Ja natürlich, aller Menschen. Was denn sonst?

167

Und wenn wir nun fragen: Aller Bürger?

Dann eben aller Bürger.

Gut! Bei den Menschenrechten will ich dir auch Recht geben: Sie sollten von Anfang an für alle Menschen gelten, auch wenn die weitaus meisten Menschen sie noch bis heute kaum einklagen könnten.

Aber die Bürgerrechte? Wer waren damals die Bürger? Oder wiederholen wir einfach unsere Frage aus dem alten Athen: Gab es auch Bürgerinnen? Staatsbürgerinnen? Frauen, die wählen durften und gewählt werden konnten?

Nein, es gab sie nicht, wenn auch der Ausdruck »Bürgerin« in bestimmten Zusammenhängen fällt. Denn sobald die Bürgerrechte zu einer grundsätzlichen Frage wurden, waren sie wieder nur Männersache, weil der Staat weiterhin Männersache war. Den Frauen fehlte noch immer die Qualität, an ihm teilzuhaben; ihnen blieb wieder nur die Frage, was besser sei: eine Demokratie nur für Männer, bei der man hoffen konnte, einmal einen Fuß in die Tür zu bekommen, oder aber ein »Ancien Régime«, die alte Ordnung, in der viele Frauen immerhin über hergebrachten Einfluss verfügten.

Wenn man die Revolutionärinnen von damals gefragt hätte, so hätten sie trotz allem einhellig das erste gewählt, weil es überhaupt einen Fortschritt darstellte. Erst einmal, so hätten sie gesagt, musste die Freiheit erobert werden, dann konnte man weitersehen.

Es gab aber auch Frauen, die es ausdrücklich gern anders gehabt hätten, und eine von ihnen, Olympe de Gouges, darfst du dir mit Namen merken. Sie schrieb im Jahre 1791 in Anlehnung an die klare Formulierung der Menschenrechte einen Satz, den man noch heute mit angehaltenem Atem liest: »Die Frau ist frei geboren und lebt in Gleichheit mit dem Mann …« Und sie folgerte daraus den Anspruch nicht nur auf einen Anteil an den staatsbürgerlichen Rechten, sondern auch auf eine unabhängige rechtliche Stellung der Frau, auch in der Ehe.

Aber das ist doch toll! Das ist doch genau das, was wir suchen! Was wurde aus ihr?

Zunächst einmal waren das unerhörte Forderungen. Vielleicht wurden sie damals sogar diskutiert, aber dann nahm die Revolution ihren gewaltsamen Verlauf. Die Frauen wurden im besten Fall nach Hause geschickt, im schlimmsten zur Hinrichtung unter die Guillotine. So geschah es Olympe de Gouges im Jahre 1793. Ihre Ideen starben mit ihr; sie wurden im neunzehnten Jahrhundert schlicht vergessen.

Oh!

Denn die Ehre der Frauen, so fanden jetzt die Männer und bald auch wieder viele Frauen, verlange ihre Beschränkung auf das Haus; nur Marktweiber machten Politik auf der Straße, in der Öffentlichkeit.

Ach ja!

Alles, was übrig blieb, war eine etwas allgemeine Bereitschaft, den Mädchen und Frauen künftig einen größeren Anteil an Erziehung und Bildung zu gewähren.

Das bürgerliche neunzehnte Jahrhundert

Jetzt willst du etwas wissen?

Ja. Das neunzehnte Jahrhundert? Das ist das vor dem zwanzigsten, das jetzt gerade zu Ende gegangen ist. Wir sind also schon beinah da!

Es dauert schon noch eine Weile. Wir haben noch zweihundert Jahre vom Anfang des neunzehnten Jahrhunderts bis zu uns und hundert von seinem Ende her. Und wenn man bedenkt, dass im Vorfeld der eigenen Zeit alles schon schwerer wiegt als zuvor, dann ist das nicht ganz wenig.

Aber natürlich, wenn man andererseits bedenkt, was für Zeiträume wir schon durchmessen haben, ist es ein Klacks.

Es lebe der Klacks!

170

Gern. Dennoch sollten wir jetzt überlegen, was wir auf diesem letzten Streckenabschnitt erfahren wollen, sonst bleiben wir auf Nebenwegen stecken. Ich schlage vor, dass wir ruhig bei unserem Bild von Hans und Liesel bleiben, auch wenn es inzwischen ein bisschen angestaubt ist, und dass wir weiter nach Liesels Platz in Hans' Reich fragen.

Gut. Und wir fragen auch einfach weiter, was ein Mädchen durfte und was nicht, was sie musste und was nicht, und meinetwegen auch, was sie lernte und was nicht …

… und wie sich das alles auf ihren Platz in der Gesellschaft auswirkte. Denn die änderte sich natürlich weiter, und zwar immer schneller.

Sehr gut. Ich komme mir beinah wie im Theater vor, wo man sehen kann, wie alle ihre Rollen spielen.

Ja, es sind in vieler Hinsicht wirklich Rollenspiele, die da aufgeführt werden. Aber die Rollen können sich ändern. Das werden wir bald sehen.

Also los, erzähl!

Das neunzehnte Jahrhundert war nicht nur ein sehr bürgerliches, sondern auch noch einmal ein sehr männliches Jahrhundert. Warum?

Zunächst einmal herrschte in ganz Europa noch der Revolutionsschock. Zwar hatte die Revolution nur in Frankreich stattgefunden; aber geschockt waren alle. Alle Leute bekamen Angst vor dem, was sie eben noch ganz fortschrittlich und neuzeitlich gefunden hatten, zum Beispiel Freiheiten für Mädchen und Frauen. Auf die Aufklärung und die Umstürze der Revolutionszeit folgte die Zeit der Romantik und des Biedermeier. Politisch galt in dieser Zeit das »Bündnis von Thron und Altar«, von Staat und Kirche. Man hielt sich gern vor Obrigkeiten aller Art vorsichtig bedeckt.

Es war eine Zeit, in der selbst so wagemutige Frauen wie Dorothea Mendelssohn-Schlegel ihr Alter in rüschengesäumter Bürgerlichkeit unter Kruzifix und Rosenkranz, neben ihrem Betschemel und dem Säbel des kriegsfreiwilligen Sohnes verbrachten. Oder in der man auf einmal mit deutschtümelnden Reden in die Salons geistvoller Berliner Jüdinnen (wie der Rahel Varnhagen) polterte. Oder in dem die Gesellschaftskritikerin und Schriftstellerin Bettine von Arnim keine andere Würdigung auf ihrer Grabplatte bekam als die, sie sei »vermählt mit Ludwig Achim von Arnim« gewesen. Er selbst dagegen, Achim von Arnim, ist laut Grabinschrift (und zu Recht) ein »deutscher Dichter«.

Aber die beiden jüngeren Frauen, die wir eben genannt haben, Rahel und Bettine, stehen wieder dafür, dass geistvolle Frauen, wenn man sie denn ins Haus zurückholt, aus dem Haus etwas machen. Das geistige Leben ging ja auch und gerade nach der großen Revolution weiter und es fand zum Beispiel in Berlin in den literarischen Salons solcher Frauen statt. Auch ein Hauch von politischer Öffentlichkeit wehte in ihnen.

Wie sie aussahen, diese Frauen, willst du wissen?

Hübsch sahen sie aus und sehr romantisch. Nach der freien Mode des französischen Kaiserhofs, die sich an den griechischen Stil, besonders an griechische Frisuren angelehnt hatte, legte man jetzt das Haar von einem Mittelscheitel aus weich um das Gesicht; die Augen mussten groß und dunkel sein, eben romantisch. Die Stoffe wurden fließender und dunkler, die Ausschnitte kleiner.

Dir als kleinem Mädchen hätte man die Zöpfe als Schnecken über die Ohren geflochten; du hättest sittsame weiße Kragen und auf der Straße eine Pelerine, einen Umhang, getragen. Um die Mitte des Jahrhunderts gab es dann noch einmal einen weichen Reifrock, die Krinoline; die Haare durften jetzt in Stocklocken fallen. Wer Geschmack hatte, konnte in dieser Mode wunderbar aussehen, wer keinen hatte, konnte ein wenig – nun ja: biedermeierlich wirken. Wenn du übrigens genauer wissen willst, wie die Kinder damals aussahen, dann hol deinen alten »Struwwelpeter« heraus. Da findest du es, denn der stammt aus dieser Zeit. – Das sei alles noch nicht so männlich, meinst du? Wart's ab!

In der Französischen Revolution hatte man etwas wiederentdeckt, das wir ebenfalls schon von den alten Griechen kennen: das Recht und die Pflicht eines jeden Bürgers, sein Vaterland mit der Waffe zu verteidigen – oder auch, den revolutionären Kriegszug des französischen Kaisers Napoleon quer durch Europa mitzumachen. Die anderen, vor allem die besiegten Völker Europas ließen sich das nicht zweimal sagen, und so brachte auch die Niederringung Napoleons viel romantische Tapferkeit hervor.

Da konnten die Mädchen nun nicht mithalten; es blieb ihnen nur übrig, die Männer womöglich an vaterländischer Gesinnung noch zu übertreffen. Dafür durften sie dann als weiß gekleidete Jungfrauen heimkehrende Krieger mit Lorbeerkränzen schmücken. Und leider haben die Frauen und Mädchen dieses Spiel begeistert mitgespielt und damit sehr zum Aufheizen der gefährlichen kriegerischen Gefühle beigetragen. Das politische Stichwort hierzu heißt »Nationalismus«.

Dazu aber brachte die zweite Hälfte des neunzehnten Jahrhunderts nun mit Macht die Industrialisierung unserer modernen Zeit und mit ihr die Erscheinungen und Begriffe, die du ebenfalls noch in der Schule lernen wirst: »Kapitalismus«, »Marxismus«, »Sozialismus« …

Die neuen Wirtschaftsformen brachten es mit sich, dass eine kleine Schicht unternehmender Männer mit ihren Familien sehr reich wurde, während eine unvergleichlich größere Anzahl von Menschen in großer Armut versank. Der geburtsständische, der ländliche Wohlstand ging in ganz Europa zurück. Das wirklich große Geld musste jetzt in der Industrie verdient werden. Das kleine Geld übrigens auch.

In kaum einer Zeit hätte dein Lebensweg so sehr von dem Ort abgehangen, an dem deine Wiege gestanden hätte, wie in der Zeit des Früh- und Hochkapitalismus. Fabrikarbeit für Kinder ohne jeden Arbeitsschutz war ebenso üblich wie Hunger auf dem Land. Wenn man kleine Jungen in die Bergwerke oder durch die Kamine schickte, eben weil sie kleiner und geschmeidiger waren als Männer, so machten sich kleine Mädchen bei »weiblichen« Fabrikarbeiten kaputt.

Und wo blieb da die Schule? Es gab in Deutschland, vor allem in Preußen, theoretisch schon die allgemeine Schulpflicht bis zum vierzehnten Lebensjahr. Aber sie richtete sich zunächst nach den anderen Arbeitspflichten der Kinder und wurde erst in der Mitte des neunzehnten Jahrhunderts einigermaßen vollständig durchgesetzt. Sie galt auch für Mädchen, aber da wird es nach den Grundkenntnissen im Lesen und Schreiben oft bei einem Sprung zum Religionsunterricht geblieben sein. Auf dem Land war vorerst die einklassige Dorfschule die Regel, aber auch in den Städten waren Lehrer, Räume und Ausstattung knapp.

Wärst du dagegen ganz oben auf der sozialen Leiter geboren worden, so hätte sich nicht viel gegen früher verändert. In einem Schloss machte es keinen großen Unterschied, ob die Wiege durch Pachteinkommen oder durch Renditen aus der Industrie vergoldet war.

Aber schon als Töchterchen eines neureichen Kommerzienrats hätte es dir geschehen können, dass du von einer Schaukel in einem hübschen Park herab in eine düstere Mietwohnung geflogen wärst, wenn dein Vater Bankrott gemacht hätte. Denn der Umgang mit den neuen Vermögen musste erst gelernt werden. Sauer wurde das Geld in der Mittelschicht verdient, die sich ebenfalls seit der Mitte des Jahrhunderts herausbildete, bei den Beamten, Lehrern und Offizieren, bei den Freiberuflern und Angestellten. Hier waren vor allem in Preußen für die kleinen Mädchen eher Zopfschleifen aus Kattun und einfache Hängerschürzen angesagt.

Hänger?!

Der Hänger war das Kleid der kleinen Mädchen schlechthin;

für festliche Anlässe war er weiß und aus feinem Stoff und man konnte ihm mit bunten Schärpen eine Taille verleihen. Kleine Schleifen und Volants gab es aber auch im Alltag. Vor dem Ersten Weltkrieg steckte man, und nicht nur in Deutschland, kleine Mädchen auch in Matrosenkleider.

Matrosenkleider?!

Wenn sie größer wurden, gab es feine Knöpfstiefelchen zu den halblangen Röcken und den hochgeschlossenen Blusen. Für Feste und für den Fotografen, den es nun bald gab, wurde das Haar gelöst und schön gebürstet. Und einen Strohhut mit bunten Bändern hättest du getragen.

Nur so viel zum Geld und den Kleidern. Denn nun wäre der letzte Faktor zu nennen, der das Jahrhundert so männlich machte: der Aufschwung der modernen Naturwissenschaften, ebenfalls in seiner zweiten Hälfte. Aber gerade dieser sollte zu einer wichtigen Einfallspforte der Frauen in die Männerdomänen werden. Denn nicht als Humanistinnen, sondern als Physikerinnen gelangten sie auf Hans' Thron.

Da wären wir also wieder bei dem, was Liesel lernen durfte!

Ja, und jetzt bleiben wir dabei. Es wird allerdings ein bisschen viel von Schulen aller Art die Rede sein; aber das gehört dazu.

Na gut. Mit Schulen kenne ich mich wenigstens aus.

Die reizende Sophie

In Deutschland hatte es keine Revolution gegeben, dafür aber eine berühmte Aufklärungsphilosophie, und wir haben ja gesehen, dass die Aufklärung auch die Mädchen ein Stück vorangebracht hat. Aber mehr auch nicht. Zwar gab es einzelne Stimmen, die der Meinung waren, der »Ausgang aus der selbstverschuldeten Unmündigkeit«, wie die berühmte Definition der Aufklärung heißt, müsse auch für Frauen gelten und durch eine gleichberechtigte Schulbildung verwirklicht werden. Doch

175

dic große Mehrzahl der Aufklärer, allen voran der Philosoph Immanuel Kant, mochte allenfalls den Frauen, denen wirklich daran lag, den Zugang zur Bildung gestatten. Und mehr als eine kalte Bewunderung wollte Kant ihnen auch nicht dafür zollen. Solche Dinge wie Griechisch und Physik, so meinte er, nähmen den Frauen gerade die Reize, die ihre Macht über das andere Geschlecht sicherten. Und was für eine Macht hätte es sonst für sie geben können? Es ist in Klassik und Romantik kaum weniger Schönes über die Frauen geschrieben worden als in der Antike; aber nichts davon löste sie aus dem herkömmlichen Rollenverständnis. Im Gegenteil: In der Romantik vertiefte sich dieses noch einmal.

Sehr deutlich brachte dies der »Väterliche Rath« zum Ausdruck, den Herr Joachim Heinrich Campe – ausgerechnet im Revolutionsjahr 1789 – seiner Tochter erteilte. Ihre Bestimmung sei es, so sagte er, dem Ehemann, der auf der sauren Lebensreise stets vorangehen müsse, den Schweiß von der Wange zu wischen und ihm Ermutigung zuzulächeln. Jawohl: »zuzulächeln«. Das aber tue sie, indem sie ihre dreifache Pflicht als Gattin, Mutter und Leiterin des Hausstandes frohgemut erfülle.

Nun darfst du als modernes Kind gern lachen; aber ich will dir doch noch einmal in Erinnerung rufen, dass diese Rollenteilung aus einer längst vergangenen Urzeit kommt, in der der Mann mit Speer und Keule zum Kampf gegen wilde Tiere oder übermächtige Feinde auszog, während die Frau, die dazu nicht stark genug war, mit den Kindern am Feuer zurückblieb. Sie durfte froh sein, wenn er zurückkam und sich nicht mehr als den Schweiß abwischen lassen musste; ebenso gut konnte es das Blut aus einer tödlichen Wunde sein.

Natürlich musste Herr Campe nicht mehr mit Speer und Keule die Existenz seiner Familie sichern; aber dieses Unternehmen konnte im immer noch armen und engen Deutschland der Goethezeit ohne weiteres zu einer ziemlich sauren Lebensreise werden. Hätte er deshalb die Hilfe und Unterstützung seiner Frau als einen Akt der Liebe und der Partnerschaft erbeten und angenommen, wie es andere Männer auch damals schon taten, und hätte er vielleicht sogar gefragt, woher denn die seelische Kraft zu einem jederzeit verfügbaren Lächeln kommen sollte, so wäre gegen eine eheliche Arbeitsteilung von mir aus nichts einzuwenden gewesen. Aber er forderte sie als Pflichtübung ein, weil Abhängigkeit von ihm die Bestimmung seiner Frau sei – und deshalb darfst du ruhig lachen.

Dabei war Herr Campe kein ungebildeter Mann und legte auch Wert darauf, gebildeter als seine Frau zu sein. Er hatte den »Emile« von Rousseau gelesen, das berühmte Buch, in dem Rousseau 1762 die vollständige Selbstverwirklichung eines jungen Mannes durch seine Erziehung beschrieb. Nur aus seiner eigenen Natur heraus, durch unmerklich und geschickt gelenktes Wachsen und Reifen, ohne Zugeständnisse an gesellschaftliche Zwänge sollte Emile heranwachsen.

Dieses Erziehungsmodell hat auf spätere Pädagogen großen Eindruck gemacht, aber Herrn Campe können wir uns ohne Zopf und Frack kaum vorstellen. Umso mehr aber muss ihn das Bild des Mädchens beeindruckt haben, das dem jungen Emile zur weiteren Selbstverwirklichung beigegeben wird. Erzogen – und zwar von ihrer Mutter streng erzogen – zur Gattin und Mutter und nur so weit gebildet, wie es zur Führung des Hausstandes und zum Ergötzen des Ehemannes notwendig war, muss diese Sophie ein ganz reizendes Geschöpf gewesen sein. Und vielleicht brauchte sie ihrem genialen Gatten, den keine irdischen Nöte anfochten, nicht einmal den Schweiß von der Wange zu wischen.

Wir lassen die Frage beiseite, wie die Pariser Salons auf die reizende Sophie reagierten und halten nur fest, dass es in England eher ein geteiltes Echo gab.

Dort schrieb im Jahre 1792 die Publizistin Mary Wollstonecraft ihre berühmte »Vindication of the Rights of Women«, das »Plädoyer für die Rechte der Frauen«, das nicht in Vergessenheit geriet, sondern während des ganzen neunzehnten Jahrhunderts als Grundlage der Forderung nach weiblicher Gleichberechtigung gehandhabt wurde.

Allerdings vermied die Engländerin den feierlichen Rückgriff auf die Menschenrechte und forderte vor allem eine gleiche Bildung von Jungen und Mädchen, damit die Mädchen sich selbst im Leben orientieren konnten und nicht auf die Armutsberufe der Schriftstellerin, Vorleserin, Übersetzerin, Gesellschafterin, Krankenpflegerin und Erzieherin festgelegt blieben. Solche Gedanken lagen Herrn Campe fern; er verwahrte sich ausdrücklich gegen Bildung, Gelehrsamkeit und Schriftstellerei bei Frauen.

Aber natürlich war das nur zum Teil seine Schuld; er hielt vielmehr einfach fest, was er in Deutschland vorfand, und winkte die Damen zurück, denen die Aufklärung Flausen in den Kopf gesetzt hatte. Und wir wissen ja, was er vorfand: das männliche Adamsparadies, dessen Schein nur auf Studierstube und Amt des Ehemannes fiel und beides beinah heiligte, während es die Frauen fest in die Institution des bürgerlichen Haus- und Ehestandes einband.

Wir wissen aus unserer heutigen Sicht auch, wie lange diese Rollenfixierung weiterwirkte und wie hartnäckig an ihr – und zwar von beiden Geschlechtern – festgehalten wurde und bisweilen noch heute wird. Leute aus anderen Ländern reisen in dieser Hinsicht mit leichterem Gepäck nach Europa. Und die Schuld daran kann man natürlich nicht einfach Leuten wie Luther oder Melanchthon zuweisen. Die Ursache solcher Erscheinungen – aber das darfst du auf der Stelle wieder vergessen! – liegt meistens in den Umständen, unter denen bestimmte gesellschaftliche Prozesse ablaufen und sich verfestigen oder auch lockern. Die Menschen, die in solche Prozesse eingreifen, sind immer nur Kinder ihrer Zeit.

Nachlesen! Aber du meinst einfach, dass bei uns die Männer mit ihrem

*Beruf und die Frauen mit ihrem Haushalt fester verstrickt sind als in
anderen Ländern?*

Ja, das meine ich, und du hast es viel besser ausgedrückt als
ich. Aber wie dem auch sei – Herr Campe hatte den richtigen
Ton getroffen. Während der ersten Hälfte des neunzehnten
Jahrhunderts tat sich in Deutschland in der Mädchenbildung
kaum etwas.

Schulen für höhere Töchter
und was man mit ihnen werden konnte

Und jetzt sollst du endlich hören, auf was für eine Schule du
damals wahrscheinlich gegangen wärest. Denn du weißt ja von
dir selber, dass man in der Schule seine Freunde und Freundinnen trifft und mit ihnen alles besprechen kann, was einem
am Herzen liegt, und was man vielleicht zu Hause nicht los-
wird. Schule ist wichtig.

Also: Du wärest auf eine Höhere Töchterschule gegangen. Was
ist eine Höhere Töchterschule? Wenn du eine hübsche Beschreibung von ihr lesen willst, dann such dir bei mir »Gretchen
Reinwalds erstes und letztes Schuljahr« von Agnes Sapper heraus. Da hörst du von Gretchen und Hermine, von Ottilie und
Elise und von der freundlich gestrengen Direktorin Fräulein
(nicht Frau) von Zimmern. Es wird allerdings nicht gesagt, ob
diese Schule noch eine reine Privatschule war oder ob sie bereits von der Stadt verwaltet wurde.

Denn das ist der Weg, den die meisten »Anstalten für Höhere
Töchter« nahmen, die es auch in Deutschland gab. Sie wurden
so lange privat geleitet, wie sie sich finanziell behaupten konnten, das heißt, wie sich Eltern fanden, die ein teures Schulgeld
zahlen konnten. Wenn es nicht mehr weiterging, musste ein
tatkräftiger Förderkreis gegründet werden, und zum Schluss
musste die Stadt bewogen werden, die Schule zu übernehmen.

Seit der Mitte des neunzehnten Jahrhunderts war das häufig der Fall; denn die allgemeine Schulpflicht galt eben auch für Mädchen und nur wenige konnten sich im Bürgertum über Jahre hinweg Hauslehrer leisten. In der Stadt wollte man das auch gar nicht; denn die Mädchen sollten ja unter Leute kommen. In die Volksschule aber, in die Schule der armen Leute, gab man eine höhere Tochter nicht. Lieber zahlte man teures Schulgeld.

Da hast du den Kern der Höheren Töchterschule: Sie konnte nur privater Natur sein, weil sich in der Öffentlichkeit zunächst niemand für sie einsetzte. Als die Öffentlichkeit aber ihre Augen nicht mehr vor den Schulproblemen der Mädchen verschließen konnte, ging es nicht höher hinauf als bis zur kommunalen Ebene, und auch dort, in den Städten, wurden die Mädchenschulen mit den Volksschulen zusammen verwaltet. – Woran liegt das? Nun, der Staat interessierte sich nur für die Jungenschulen, genauer: für die humanistischen Gymnasien.

Die kennen wir doch! Wieder von Hans her.

Richtig. Aus denen bezog der Staat inzwischen seine Staatsdiener. Wer aber hatte je von Staatsdienerinnen gehört?

Das humanistische Gymnasium, wie es im neunzehnten Jahrhundert und bis in unsere Zeit hinein bestand und besteht, ist jedoch nicht mehr ein Kind der Melanchthon-Zeit, sondern eines der großen Reformbewegung, die in Deutschland und vor allem in Preußen nach den Freiheitskriegen gegen Napoleon einsetzte.

Man sah damals, wie veraltet der eigene Staat und wie modern das revolutionäre Frankreich war, und so beschloss man eine gründliche Reform aller staatlichen Einrichtungen. Zu diesen gehörten auch die Schulen und Universitäten, an denen die Beamten ausgebildet wurden. Ihrer nahm man sich nun an; den Namen Humboldt wirst du sicher noch kennen lernen.

Für diese Ausbildung sollte in Zukunft das Beste gerade gut genug sein, und das Beste, was es nach wie vor in Deutschland gab, war der akademische Humanismus. Die klassischen Studien hatten im Bildungsrausch der Aufklärung einen großen Aufschwung genommen, und man konnte davon ausgehen, dass die neu geordneten Universitäten lauter gut ausgebildete klassische Philologen an die humanistischen Gymnasien abliefern würden.

Ach ja!

Na, was fällt dir da ein?

Wieder der Hans natürlich. Und die Liesel. Wie geht's diesmal weiter?

Dreimal darfst du raten! Oder du könntest auch fragen, ob man denn nur dann ein guter Beamter ist, ein guter hoher Beamter, wenn man vorher Latein und Griechisch gelernt hat. Damit würdest du eine der am häufigsten gestellten Fragen der Zeit wiederholen. Man hätte dir damals geantwortet, dass nichts eine so tiefgreifende erzieherische Wirkung habe wie die gründliche Kenntnis des klassischen Denkens und dass ein Junge, der nicht wenigstens eine ausreichende Abiturnote im Griechischen erreiche, ohnehin nicht aus dem Holz geschnitzt sei, aus dem der Staat seine Beamten nehmen müsse.

Und dann erst ein Mädchen! Wie hieß das noch? Großen Unsinn reden sie, beim Zeus!

Ja, du hast Recht, und deshalb hat man sich dann ja auch allmählich auf eine breitere Schulpalette besonnen. Denn das ist wichtig: Mit der wachsenden Bedeutung des Schul- und Erziehungswesens wirkten sich in ihm nun auch moderne Kräfte und Erkenntnisse aus; weder der Staat noch die Eltern konnten es sich auf Dauer leisten, diese beiseite zu lassen. Hierher gehört vor allem die pädagogische Bewegung des neunzehnten Jahrhunderts, die jetzt auch so wichtige Dinge wie die Kindergärten auf den Weg brachte.

Aber zurück zur Schule: Regel und Maß war zunächst das humanistische Gymnasium, das bald in jeder deutschen Stadt stand. Für diejenigen Jungen, die es ohne große Mühe durchliefen, hat es sicher viel von der Bereicherung gebracht, die man sich von ihm versprochen hatte. Doch die große Nagelprobe des vorigen Jahrhunderts, das Dritte Reich, hat das humanistische Gymnasium doch eher bescheiden bestanden. Denn man hört nur selten davon, dass ein akademisch gebildeter Deutscher im Namen des Humanismus und der Humanität dazwischengetreten sei, wenn jüdische Kollegen vertrieben und jüdische Nachbarn abgeholt wurden. Lieber zog man sich in die innere Fluchtburg, die geheiligte, zurück und las Pindars Oden.

Aber für uns ist etwas anderes wichtig: Das humanistische Gymnasium war trotz seiner Probleme, trotz seiner Schüler- und Lehrertragödien eben die staatliche Regelschule. Wenn ein Junge wirklich begabt war und wenn seine Eltern die finanzielle Belastung durchhielten und er selbst den Hochmut der Kameraden ertrug, dann konnte auch ein Junge aus einfachen Verhältnissen das Abitur machen. Das staatliche Abitur aber war die Voraussetzung für den Besuch einer staatlichen Universität, die Ablegung eines staatlichen Examens und zum Eintritt in eine staatliche oder vom Staat geregelte Laufbahn.

Und dagegen nun die Mädchenschulen! Einen größeren Gegensatz als den zwischen dem Jungengymnasium und der Höheren Töchterschule kann man sich kaum vorstellen, und doch ergänzten sie einander. Auf den Gymnasien wurden die künftigen Eliten erzogen, auf den Mädchenschulen ihre späteren Frauen, und beides ganz bewusst. Der Besuch einer Höheren Mädchenschule war – auch mit den Nebenkosten für Kleider und Bälle – so teuer, dass wirklich einfache Leute ihn sich nicht leisten konnten; und wenn sie es gewollt hätten, so wäre ihre Tochter vermutlich abgewiesen worden. Man wollte unter sich bleiben. Das heißt: Für Mädchen gab es im neunzehnten Jahrhundert keinen eigenen Kanal zum sozialen Aufstieg – nur den Geldbeutel des Vaters und die Ehe.

Nachdenken! Weiter!

Nun heißt das natürlich nicht, dass es nicht außerhalb dieser Mädchenschulen und über sie hinaus Felder gegeben hätte, in denen Mädchen und Frauen sich – privat und freiwillig – betätigen konnten. Der ganze Bereich der sozialen Arbeit gehört dazu und dies war im Zeitalter des Frühkapitalismus dringend nötig. Ebenso gab es im kirchlichen Raum Schulen und andere Einrichtungen, die die Härten des sozialen Verdrängungskampfes zu mildern suchten. Hier engagierten sich viele Frauen, vor allem solche aus gesicherten Häusern, die Zeit hatten und finanziell unabhängig waren. Man kann das aber nicht verallgemeinern und jedenfalls waren die weitaus meisten gebildeteren Mädchen Kinder der Höheren Töchterschule.

Deshalb konnte es auf einer solchen Mädchenschule aber sehr nett sein, sie konnte sogar als Schule ganz ausgezeichnet sein. Was hättest du nun in ihr gelernt? Es wäre ein bisschen auf ihren Typus angekommen; aber in jedem Falle wären Literatur, Vaterländische Geschichte, Französisch, Englisch, Erdkunde, auch schon Mathematik und vielleicht sogar etwas Physik vorgekommen. Eher aber doch Religion, Handarbeit und Hauswirtschaft. Und im Fach »Vaterländische Geschichte« hättest du viel von großen Männern gehört, die Geschichte machten.

Hier lohnt übrigens wieder ein Blick zu unseren französischen Nachbarn. Selbst dort, im Land der Revolution, hatte sich im Laufe des neunzehnten Jahrhunderts der Einfluss der Kirche auf das Schulwesen und besonders auf die Mädchenbildung noch einmal so sehr verstärkt, dass der Staat Mühe hatte, sein Schulmonopol zu erkämpfen. Erst in den achtziger Jahren des Jahrhunderts wurde die allgemeine Schulpflicht an staatlichen Schulen durchgesetzt; erst von da ab gab es dann auch eine öffentliche höhere Mädchenbildung. In anderen europäischen Ländern besann sich der Staat von sich aus erst spät auf eine Schulaufsicht oder überließ der Kirche den Durchbruch zur Moderne innerhalb der kirchlichen Schulen. Auch das sind Verschiedenheiten, die die Mädchen Europas prägen.

183

Mit sechzehn wärst du jedenfalls mit der Schule fertig gewesen – und vielleicht noch auf ein Pensionat geschickt worden. Dort hättest du Tanzen und Benehmen, noch mehr Französisch oder Englisch und noch mehr Hauswirtschaft gelernt.

Ohne mich!

Dasselbe, nur schlichter, konnte ein Mädchen nach der Schule auch zu Haus oder in einem befreundeten Hause lernen. Vielleicht wäre auch noch eine Ausbildung in einem Pflege- oder Lehrberuf gefolgt. Du hättest dich auf vielfache Weise nützlich machen und auch finanziell – bescheiden – unabhängig werden können.

Und außerdem? Außerdem hättest du getanzt, wärst zu Einladungen gegangen, hättest von deinen Eltern selbst welche ausgerichtet bekommen, hättest dich einem Verein angeschlossen, wärst gereist, hättest – später – Tennis gespielt und wärst gewandert. So lange, bis endlich der ersehnte Lebensgefährte aufgetaucht wäre; vielleicht ein Freund der Brüder, ein junger Besucher des Elternhauses, ein Schüler des Vaters, ein Tanzpartner vom letzten Ball – oder, wenn gerade Krieg war, der junge Verwundete, den man als freiwillige Schwester im Lazarett gepflegt hätte. Hauptsache: heiraten, Hauptsache: Ehe- und Hausfrau werden – und damit eine Versorgung sichern. Und das, obwohl erst jetzt, gegen Ende des neunzehnten Jahrhunderts, die Medizin so weit war, dass sie das alte, hohe Risiko eines Todes im Kindbett wirklich mindern konnte.

Nun musst du mich nicht missverstehen: Jede Zeit hat ihre Lebensformen, und wenn ein Mädchen gern tanzte, gern gut kochte, gern ein offenes Haus mit fröhlichen Kindern führte, gern dem Ehemann einfach den Rücken freihielt, dann musste – und muss – das kein Schade sein, im Gegenteil, und jedenfalls musste es – und muss auch heute – als freie Entscheidung respektiert werden. Die höheren Töchter von damals konnten sehr patent sein, und die arglosen jungen Bräute reiften in der Ehe meist gründlich nach.

Aber der große, bewusst herbeigeführte Unterschied in Bildung und Ausbildung, die vorgegebene Überlegenheit des Mannes in der Ehe muss wohl doch dazu beigetragen haben, dass das Ende des neunzehnten Jahrhunderts in Literatur und Praxis von Ehedramen fast erdrückt wurde. So ging es mit Gretchen und Hermine, mit Ottilie und Elise vielleicht doch nicht weiter.

Jede Welle trägt bei Flut ein wenig höher als die letzte

Wie aber dann? Und was geschah, wenn ein Mädchen nicht hübsch war, nicht dauernd tanzen mochte, keine gute Partie war oder einfach weniger Handarbeit und mehr Physik betreiben wollte?

Dann konnte es in der zweiten Jahrhunderthälfte doch schon auf manches hoffen. Auf Eltern, die ihr Geld lieber in Schulfördervereine als in immer neue Balltoiletten steckten; auf aktive Gründerinnen und Gründer solcher Vereine; und schließlich auf Leute, die ihren Blick auf die Jungengymnasien, auf das Abitur richteten. Und dazu schickte sich im letzten Drittel des Jahrhunderts die deutsche Frauenbewegung unter Führung der tatkräftigen Helene Lange an. Sie wollte freilich, und das ist kennzeichnend gerade für diese erste deutsche Frauenbewegung, die Gleichstellung der Frauen nicht durch eine gleiche Ausbildung verwirklicht sehen, sondern einen eigenen weiblichen Weg der Bildung gehen. Nicht die Öffnung der Gymnasien war das Ziel, sondern gleich qualifizierende Mädchenschulen. Mit einem eigenen Abitur.

Schon vorher aber konnte man, wenn auch sehr vereinzelt, in manchen Städten – im schweizerischen Zürich, in Heidelberg oder in Paris – seinen Blick auf seltsame Erscheinungen werfen: auf junge Damen, die, eine Kollegmappe in der Hand, in die Hörsäle der Universitäten eilten, die Augen vor den spöttischen Blicken der männlichen Studenten niedergeschlagen. Es waren zumeist Ausländerinnen aus Russland oder Polen, später auch Engländerinnen und Amerikanerinnen.

In Osteuropa gab es damals unter den jungen Leuten lebhafte soziale Bewegungen, die von großem Idealismus getragen wurden und unter anderem den Unterricht für Kinder der Armen vorsahen. Aber auch auf andere Formen der Unfreiheit richteten sich die Blicke, und so kam es, dass idealistische junge Männer dort sogar auf ihre eigene Karriere verzichteten, um begabten jungen Mädchen einen Weg ins Ausland und damit zum Studium zu bahnen. Sie heirateten sie, oft nur der Form halber, und öffneten ihnen über ihren eigenen Reisepass den Weg in die Freiheit. Denn für Frauen gab es keine eigenen Pässe.

Das war aber wirklich toll von denen! Und was wurde aus solchen Ehen?

Die zerbrachen fast immer. Dieser Preis für einen Platz im Reich des Geistes war sehr hoch. Da war es für die jungen Frauen aus England und Amerika leichter; sie suchten einfach die Qualität der Ausbildung an vielen deutschen Hochschulen. Sie alle wunderten sich, dort keine oder kaum Studentinnen aus dem Inland vorzufinden. Zürich und Paris waren die Universitäten, die sich schon in den sechziger Jahren des neunzehnten Jahrhunderts den Frauen öffneten. Freilich muss man genau hinschauen, wozu sie sie zuließen.

Wenn es einer wissenschaftlich hochbegabten jungen Frau wie etwa der russischen Mathematikerin Sofja Kowalewskaja gelang, einen Hochschullehrer ihres Faches zur Betreuung einer Doktorarbeit zu gewinnen, so konnte ihr das auch in Deutschland zu einem Doktordiplom verhelfen. Zur Promotion brauchte man nämlich »nur« einen fortschrittlich denkenden Doktorvater und eine liberale Fakultät. Der Staat hatte hier nicht mitzureden, denn ein Doktorexamen war und ist in Deutschland keine Staatsprüfung.

Diese ersten Promotionen fanden fast ausnahmslos in den exakten Naturwissenschaften, in der Mathematik oder der Medizin statt, und das hatte seinen Grund vor allem darin, dass diese Mädchen darauf brannten, endlich etwas Nützliches auch auf höherer Ebene tun zu dürfen. Am liebsten wären sie wohl alle Ärztinnen geworden.

Sehr gut.

Wenn eine junge Frau aber regelrecht immatrikuliert, das heißt: an einer Universität eingeschrieben werden wollte, um auf das Staatsexamen hin zu studieren, dann bekam sie es in erster Linie mit der Ministerialbürokratie zu tun, und die beharrte auf dem Abitur oder orientierte sich doch an ihm; jedenfalls in Deutschland. In Paris dagegen konnte die junge polnische Wissenschaftlerin Marie Curie, später zweifache Nobelpreisträgerin, auch ohne französischen Schulabschluss ihr Staatsexamen ablegen.

Aber bald ging es auch hierzulande voran. Wenn ein Mädchen wollte, konnte es nun auch das Wissen des humanistischen Gymnasiums in eigenen Kursen oder bei Privatlehrern erobern und sich »extern« zum Abitur an einer Jungenschule melden. Für Naturwissenschaftlerinnen gab es an manchen Universitäten Aufbaukurse, die zum Staatsexamen führen konnten; als Gasthörerinnen waren Frauen in Preußen ab den achtzehnhundertneunziger Jahren zugelassen; in den süddeutschen Ländern teilweise schon früher. Im Jahre 1908 schließlich setzte es Helene Lange durch, dass in Preußen, dem jetzt zögerlichsten Land der Reform, die Mädchenschulen, die Lyzeen, nach dem einfachen Abschluss noch einen Aufbau erhielten, der zum Abitur und damit zum Studium führte.

Uff!

Ja, uff! Damit war in aller Form der Weg zu Hans' Thron auch für Liesel frei.

Es wird eng

Aber das war doch noch nicht alles! Ich meine – es ist natürlich toll, dass Liesel jetzt sogar allein auf dem Thron sitzen darf; aber wir wollten doch außerdem noch etwas anderes wissen.

Ja. Wir wollten wissen, wie sich die beiden in ihrem gemeinsamen Reich vertragen. Und wenn sie nun auch noch zu gleichem Recht auf dem Thron selbst sitzen dürfen …

… dann kann es ganz schön eng werden! Aber ich finde, das gehört nun auch noch zu unserer Geschichte. Wenn wir schon bei den alten Ägyptern mit dem Heiraten anfangen mussten, dann kannst du auch noch erzählen, wie sie sich jetzt miteinander einrichten.

Da wirst du schon bald mehr beobachten und wissen als ich. Aber gut, probieren wir's gemeinsam.

Von jetzt ab konnte also jedes Mädchen, das keine Lust hatte, sich die Schuhe zu zertanzen, bis der Königssohn kam, auch zur Universität gehen – vorausgesetzt, die Eltern zogen mit und sagten: Ausbildung statt Aussteuer, wie bei Jungen. Aber sie hatten bald nur noch wenig Wahl, denn der Erste Weltkrieg stand bevor und er ließ ganze Jahrgänge von Mädchen ohne Freier. Leider war es sehr oft der Krieg, der den Frauen voranhalf – um Preise, die sie gar nicht zahlen wollten.

In Deutschland war es denn auch der Krieg, oder besser: die Niederlage von 1918, die den Frauen auch politisch weiterhalf. Denn nach dem Sturz des Kaiserreichs gab sich die neue Republik in Weimar eine der modernsten und liberalsten Verfassungen Europas; seit 1919 haben die Frauen in Deutschland das aktive und passive Wahlrecht. In fast allen anderen europäischen Ländern gab es das erst nach 1945.

Wahlrecht! Davon hätten wir ja auch mal reden können!

Wir wollten uns ja beschränken. Aber wenn du dir neben dem Namen von Helene Lange auch den von Hedwig Dohm merkst, ist das nur recht und billig. Sie hat sich mit großer Energie für die politischen Rechte der Frauen eingesetzt.

Helene Lange, Hedwig Dohm. Gut. Weiter!

Dieser neue Stand der Dinge öffnete nun bald auch andere Berufswege, die bisher verschlossen gewesen waren; denn es musste und muss ja nicht um jeden Preis studiert werden, im Gegenteil. Das Frauenstudium ist nur das sichtbarste Zeichen für einen ersten Durchbruch zur Gleichberechtigung. Und als neben die Hochschulen nach und nach die Fachhochschulen und die vielen anderen Ausbildungsstätten unserer Zeit traten, da konnten alle Mädchen dankbar dafür sein, dass dieser Durchbruch vollzogen war.

Er machte nun auch endlich die Vorstellung von einer berufstätigen, unabhängigen Frau möglich, wenn eine solche auch immer noch nicht wirklich gesellschaftsfähig war.

Und warum nicht?

Weil das überkommene Eheverständnis noch zu fest saß. Junggesellinnen, wie es die berufstätigen Frauen damals fast durchweg waren, galten als Gefährdung der Ehen; man lud sie nicht gerne ein. Aber wenn man es tat, dann hat sicherlich manche Ehefrau hinterher nachgedacht und ihrer Tochter stillschweigend ein Stück Weges freigegeben.

Wichtiger war freilich ein anderes Problem: Berufstätige und vor allem studierte Frauen, die nicht mehr im Hause verschwanden, sondern auf den Arbeitsmarkt drängten, brachen damit auch in die Männerdomäne des Geldverdienens ein.

Bisher hatten kluge Ehefrauen und Töchter immer wieder stillschweigend zur Entlastung des arbeitenden Vaters und Mannes beigetragen, wie es Fontane in »Frau Jenny Treibel« am Beispiel der aparten Corinna Schmidt darstellt, die ihrem Vater beim Korrigieren der Schulhefte hilft – ganz zu schweigen davon, dass Fontanes Frau Emilie die gesamte literarische Produktion ihres Mannes ins Reine geschrieben und druckfertig gemacht hat. Es gab ja noch keine Schreibmaschinen oder Computer. Was geschah aber, wenn so viel Arbeitskraft dem männlichen Gelderwerb verloren ging?

Es ist interessant, dass Helene Lange im Alter offenbar fand, es wäre besser gewesen, auf einer gleichen Bildung für Jungen und Mädchen zu bestehen, statt einige »ethische« Fächer wie Deutsch, Geschichte und Religion in einem weiblich geprägten Unterricht von Frauen erteilen zu lassen. Aber dann wäre es auf dem ohnehin sehr engen Arbeitsmarkt für Lehrer zu einer direkten Rivalität mit den männlichen Lehrern gekommen und der Berufseinstieg der Frauen wäre noch stärker belastet worden.

Aber heute sind an den meisten Schulen doch bestimmt die Hälfte Lehrerinnen. Wo sind die Männer geblieben, die früher Lehrer waren?

Das ist eine gute Frage und es ist praktisch die Frage nach dem heutigen Arbeitsmarkt. Auf ihm findest du auf den ersten Blick so viele Frauen in allen Bereichen, dass man meint, er müsse sich wie Gummi ausgeweitet haben, um sie alle zu fassen; und bis zu einem gewissen Grad hat er das bei der zügigen Ausweitung der Wirtschaft natürlich auch getan. Nicht zuletzt aber liegt hier ein unschätzbares Vedienst der zweiten Frauenbewegung, der Frauenbewegung der siebziger Jahre des vorigen, des zwanzigsten Jahrhunderts, die dafür sorgte, dass wenigstens ein Teil der neuen Arbeitsplätze an Frauen ging, dass sich überhaupt die ganze Einstellung zur eigenständigen Arbeit der Frauen endlich änderte. Und das war umso wichtiger, als nun immer häufiger auch verheiratete Frauen, Mütter von noch kleinen Kindern, die Rückkehr in ihren Beruf anstrebten und weiter anstreben.

Dieses neue Verständnis von weiblicher Berufstätigkeit kam nun auch den vielen Berufen zugute, die es erst in den letzten zwanzig bis dreißig Jahren in großem Umfang auch für Frauen gibt, von der Medienjournalistik über die künstlerischen Berufe bis zum – mittleren – Management. Warum trifft man gerade in ihnen so viele Frauen?

Weil man in denen ziemlich clever sein muss, vielleicht. Auf so eine Art clever, die Frauen besser können als Männer?

Du meinst, weil sie meist beweglicher sind, einfallsreicher, offener, geselliger, anpassungswilliger und nicht zuletzt in aller Art von Organisation trainiert. Denn was sind der ewige Haushalt und die Steuerung der Familie anderes als Organisation?

Würdest du es denn schlecht finden, wenn sie gerade wegen all dieser Eigenschaften eine Stelle bekämen?

Nein, im Gegenteil! Wenn es wirklich derentwegen ist, nicht im mindesten. Chancen im Berufsleben sind das wenigste, was die Frauen von ihrem Rollentraining haben sollten. Aber es besteht auch immer die Gefahr, dass sie sich dabei gerade durch ihre Beweglichkeit benachteiligen lassen. Weil sie wegen ihrer Kinder und Partner auf Rücksicht am Arbeitsplatz angewiesen sind. Denn jetzt kommen ja mit Macht auch die Kinder ins Spiel, und von denen kann man nicht gut erwarten, dass sie, wie vielleicht die Männer, die Wünsche oder auch die Zwänge der Mütter begreifen und über ihren eigenen kleinen Lebenswillen stellen. Das sind sehr weite Felder.

Und in denen sind wir mittendrin. Alle! Da brauch ich mich nur umzusehen.

Das glaube ich sofort. Aber lass uns gerade dazu noch einmal auf deine Frage zurückkommen, was die Männer, die früher Lehrer waren, denn heute sind und in welchen Berufen sie stecken.

Gut. In welchen also?

Gleich. Wir haben vorhin gesagt, dass es jedermanns freie Entscheidung ist, welche Art von Ehe er/sie führen will. Ebenso, meine ich, ist es jedermanns freie Entscheidung, wie er/sie sein/ihr Berufsleben ordnen will. Ich selber finde es immer sehr gut, wenn zwei Partner sich dabei so flexibel verhalten, dass für jeden von beiden die Arbeit da ist, die er/sie gerne tut. Oder besser: Wenn sie sich die ganze Arbeit, die zu tun ist – in den Berufen, im Haus, bei den Kindern, bei anderen Fürsorgepflichten, in Engagements aller Art –, so teilen, dass jeder seinen ehrlichen Anteil bekommt. Ob dabei eine ganze Stelle oder zwei halbe oder anderthalb oder, wenn hilfreiche Geister da sind, auch zwei ganze Stellen herausspringen, das ist allein Sache der Partner, solange es zu dem Leben reicht, das beide führen möchten.

Aber einer solchen Arbeitsteilung stehen Zwänge entgegen. Sie kommen zum Teil von den Arbeitgebern, die nicht immer so können oder auch wollen, wie das den Arbeitnehmern Recht wäre; schon hier ist die Forderung nach Gleichberechtigung vorerst stecken geblieben.

Andererseits aber liegen sie in der Natur mancher Arbeitsplätze. Kommen wir auf die Frage zurück: Wo sind die Männer, die zu der Zeit Lehrer waren, als die Frauen noch zu Hause blieben? Viele von ihnen sind auch heute noch an den Schulen, Gott sei Dank. Ebenso haben ja auch die Ärztinnen und Anwältinnen die Ärzte und Anwälte mehr ergänzt als verdrängt. Aber das sind Berufe, in denen sich die Arbeitsplätze zur Not teilen lassen, und sei es zwischen Ehe- oder Lebenspartnern. Anderswo ist für manche Männer der Platz zu eng geworden.

Und? Wo sind sie?

Sie sind ausgewandert, wie das häufig geschieht, wenn der Platz zu eng wird.

Und wohin sind sie ausgewandert?

In Berufe, die besser bezahlt werden und auch noch andere Anreize bieten. Und deshalb kommen wir auch noch einmal auf Liesel zurück; denn unser Thema hat noch einen dicken Rest.

Nämlich?

Nicht jede(r) kann jeden Beruf gleich gut ausüben, nicht jede Arbeit kann ohne weiteres geteilt werden. Es gibt Berufe, die eine besondere Begabung, eine aufwendige Laufbahn, einen hoch spezialisierten Arbeitsplatz und/oder große Energie erfordern. Ja, es gibt Berufe, die geradezu einen Partner erfordern, der Verzicht übt und einem den Rücken freihält. Das sind meistens die Berufe, die Macht, Geld, Ansehen und Einfluss bringen. Spitzenberufe. Wie steht es da mit der Liesel?

Wenn du so fragst, vermute ich mal: Schlecht steht es mit ihr.
Genau das, und auch hier sind die Forderungen der siebziger Jahre verhallt. Es waren ja gar nicht in erster Linie der Brotneid oder die Angst um den Arbeitsplatz, die dazu geführt haben, dass die Frauen hierzulande ohne jede Begeisterung an den Universitäten und im Berufsleben empfangen wurden. Vielmehr glomm hier noch immer ein Rest vom Schein des Adamsparadieses nach: die ungebrochene Überzeugung, dass Beruf und Amt Männerprivilegien seien. Und was anfangs für Studienrätinnen galt, gilt noch jetzt für die Bewerberinnen um Spitzenpositionen, zum Beispiel im oberen Management, vor allem aber um Spitzenämter: Sie werden benachteiligt.

Und hier, kleine Rebekka, ist für eure Generation viel Bedarf an Nachdenken und Handeln. Es müssen im Ernst noch ganz andere Modelle auf den Tisch, die den Frauen nicht nur den Zugang auch zu alten Männerdomänen freigeben, sondern es ihnen, was viel wichtiger ist, möglich machen, auch Spitzenberuf und Familie zu vereinbaren – wenn sie es wollen. (Und natürlich kann es auch gute Gründe geben, es nicht zu wollen.) Aber wenn sie es wollen, müssen sie es dürfen; schließlich haben die Männer die Vereinbarkeit von Beruf und Familie seit Hans' Zeiten ganz selbstverständlich verlangt und bekommen. Hier würde ich den eigentlichen Kern der Gleichberechtigung sehen.

Und weil wir vorhin gesagt haben, dass dabei auch die Kinder mit ihrem Lebenswillen, ihrem Lebensrecht auf dem Plan stehen, wirst du mit mir einig darin sein, dass ohnehin nur solche Modelle, in denen die Kinder die Liebe bekommen, die sie brauchen, auch tragfähige Modelle sind.

Viel Stoff zum Nachdenken also am Ende unserer Geschichte!!
Uff! Es sieht so aus! Du lieber Himmel! War's das?
Das war's.

Statt eines Nachworts:
Nachdenken über das Ganze

Einen kleinen Nachtrag gibt es aber doch noch. Hast du bemerkt, Rebekka, dass uns auf den letzten Seiten etwas verloren gegangen ist? Etwas schon beinah Liebgewonnenes?

Nein. Was denn?

Wir sind keine Hälfte mehr! Vorbei die Zeit, da man als Mädchen von selber die Hälfte war, das andere Prinzip, das Gegenprinzip, das schwächere, das weichere, das abhängige Geschlecht – aber eben doch die Hälfte, ohne die es kein Ganzes gab. Die Hälfte der Menschheit.

Denn die moderne Naturwissenschaft hat herausgefunden, dass die weibliche Intelligenz nicht kleiner ist als die männliche. Anders vielleicht, weil sie ja auch lange genug auf einen Typ hin gedrillt worden ist, aber nicht weniger. So wie warm und kalt, süß und sauer, hell und dunkel keine absoluten Gegensätze mehr sind, sondern Werte auf einer Skala, so ist jetzt die Intelligenz auf einer Messlatte ablesbar. Es gibt dumme Frauen, aber auch dumme Männer, und es gibt kluge Männer, aber auch kluge Frauen.

Vielleicht war das schon immer so, nur hat es keiner gemerkt. Aber nachdem es nun alle gemerkt haben, muss danach verfahren werden. Was man messen und prüfen kann, das muss auch gemessen und geprüft werden, damit es gerecht zugeht. »Ich mache nicht mit, wenn es so ungerecht zugeht!«, hat schon Karlson vom Dach gesagt.

Ja, der! Aber ich finde das mit der Hälfte spannender. Wenn man nicht mehr die alte Hälfte ist, dann muss man eben darüber nachdenken, was denn das neue Ganze ist. Und davon ist man dann bestimmt eine

Hälfte. Eine neue. Und das Ganze kann ja jetzt aus vielen neuen Teilen zusammengesetzt sein. – Darüber könnten sich dann auch die Jungen mal den Kopf zerbrechen.

Das ist ein fabelhafter Gedanke. Mach weiter!

Na – nur deswegen, weil ich ja jetzt sowieso über alles nachdenken muss, was du mir erzählt hast. Weißt du, was sehr dumm ist?

Na?

Als wir anfingen, als du von den alten Ägyptern und von den Jägern am Lagerfeuer erzählt hast, da war ich ganz sicher, dass ich nur in unserer eigenen Zeit, nur heute leben wollte.

Und jetzt bist du das nicht mehr?

Doch. Eigentlich sogar gerade jetzt. Aber das Dumme ist: Ich habe jetzt erst gemerkt, dass unsere Zeit auch ziemlich große Probleme hat. Gerade für Mädchen. Das hatte ich mir noch gar nicht so klargemacht. Und wenn die gelöst sind …

… dann wird es neue geben. Jede Zeit ist anders; man kann nur von der eigenen her sprechen.

Du hast gar nichts von der Zeit erzählt, in der du selbst klein warst. Wie war die?

Das war die schlimme Zeit, deren Schatten auch für euch heutige Kinder noch überall spürbar sind, die Zeit des Nationalsozialismus. Von der erzähle ich dir auch einmal. Aber heute will ich dir auf deine Frage eine andere Antwort geben: Diese Zeit vor gut sechzig Jahren ist so weit von uns entfernt, wie wohl kaum eine andere Zeit vor uns von der jeweils übernächsten. Wir haben als Kinder »Emil und die Detektive« gelesen, das im damaligen Großstadtleben spielt; aber darin findest du eine Welt, die mit der heutigen knapp die Anfänge gemeinsam hat. Das gleiche gilt auch noch für Astrid Lindgrens Kindergeschichten, etwa für die »Kinder aus Bullerby«, die eure Eltern gelesen haben; aber die spielen auch auf dem Land.

Seither hat die Menschheit mit ihrer Technik einen Riesensprung gemacht. Raumfahrt, Jumbo-Jets, Computer, Handys,

CDs, Fernsehen und Internet – in meiner Kindheit kam so etwas kaum in Science-Fiction-Romanen vor. Für euch ist es Wirklichkeit. Die multikulturellen Städte, die mobile Gesellschaft, die pendelnden Partner, die allein fliegenden Kinder sind für uns Großeltern etwas sehr, sehr Neues, und der Wandel geht ja noch immer rasend schnell weiter.

Und das heißt?

Das heißt wirklich: Jeder lebt in seiner Zeit und entscheidet von ihr aus. Aber jeder sollte über das Ganze nachdenken, ehe er entscheidet.

Jede!

Jede. Oder sie sollte doch versuchen, es zu tun. Deshalb habe ich dir ein bisschen von dem erzählt, was früher das Ganze und die Hälfte ausmachte. Jetzt bist *du* dran.

Wiebke von Thadden, geboren 1931 in Tübingen, studierte Geschichte und lateinische Philologie in Göttingen, wo sie heute als freischaffende Autorin lebt. Bei Beltz & Gelberg sind von ihr die historischen Romane *Philipp zwischen Kaiser und König, Brun, Geisel des Königs, Tiza im Königsbann* und *Thomas und die schwarze Kunst* erschienen, alle im Gulliver Taschenbuch.

Dorothea Göbel, geboren 1958, lebt als freischaffende Illustratorin in Nierstein. Bei Beltz & Gelberg war sie bisher vor allem als Umschlaggestalterin tätig, so für die gesamte Reihe Biographie.

Deutsche Geschichte
erzählt von Manfred Mai
Mit Bildern
von Julian Jusim

Gebunden, 178 Seiten (75302)

Von den Germanen bis zur Wiedervereinigung –
Manfred Mai erzählt von 2000 Jahren deutscher Geschichte
mit der ganzen Erfahrung des Historikers *und* Erzählers.
So ist ein Buch entstanden, das zeigt, wie spannend
Geschichte sein kann. Nicht nur für jugendliche Leser.

»Mai hat geschafft, wovon Schüler träumen:
Geschichte zu komprimieren und dabei die kleinen Leute
nicht aus den Augen zu verlieren, ohne die Geschichte nicht
stattfinden kann.« *Augsburger Allgemeine*

»Diese *Deutsche Geschichte* ist sehr gut gelungen und wird
hohen Ansprüchen gerecht. Unaufdringlich, konzentriert im
auch zum Vorlesen geeigneten Text und anrührend in den
Bildern, vermittelt sie ein angemessenes Bild der Vergangen-
heit, die ja in der Tat ein Teil unserer Gegenwart ist.«
Frankfurter Allgemeine Zeitung

»Da können selbst gute Schulbücher nicht mithalten!« *x-mag*

»Ein solches Buch sollte man für den Geschichtsunterricht
an den Schulen einsetzen.« *Rhein-Neckar-Zeitung*